神戸学院大学共通教育センター研究叢書 1

Coach's Mission
コーチのミッション

二杉 茂 著
SHIGERU NISUGI

晃洋書房

推薦文

このたび、30年来の親友である二杉茂博士が著書『コーチのミッション』を出版されることに対し、心よりお祝い申し上げます。彼は、毎年ハワイ大学をはじめ、全米各地の大学に赴き、バスケットボールを通じて米国のスポーツ文化事情の調査研究を行っていました。彼のエネルギッシュな行動と好奇心旺盛な発想や着眼点は、いつもながら敬服して眺めていました。彼の特徴は研究だけでなく、バスケットボールのコーチとしても数々の結果を残し、まさに文武両道の道を究めようと努力されているところです。多くの米国人の研究者やコーチたちはそれぞれの分野を究めようとするだけなので彼は異色なのです。私は、彼の哲学や行動に深い感銘を受け、ずっと尊敬の念をもち続けてきました。今回の『コーチのミッション』にあらわされている内容は、スポーツの理想的な発展を目指すには、とても参考になるものばかりです。

我が国では、NCAAが大学スポーツを統括し、いきすぎた勝利至上主義をコントロールしています。しかしながら、コーチは勝利を目指すあまり、本来の「無私無欲」の精神を忘れ、教育的配慮に欠けた行動やスポーツメーカーからの誘惑に溺れ、現場から去っていく著名なコーチの存在も後をたちません。

そのような状況下の折、本書はとてもタイムリーな内容であると考え、これから一流コーチを目指そうとするコーチの皆さん方には、ぜひ必読されることをお勧めしたいと考え、推薦申し上げる次第です。

ハワイ大学　イントロムラルスポーツ部長
ロイド・ヒサカ　Ph.D.

Letter of Recommendation

I wish to express my sincere thanks to Dr. Shigeru Nisugi, my good friend for 30 years, who published the book "The Coach's Mission." Every year he travels to universities around the United States, including the University of Hawaii, and conducts research on American sports culture through basketball. His energy, curiosity, and awareness are always admired and observed. His strengths encompass not only research, but also coaching a basketball team with some achievement, and he is trying hard to succeed in both fields, whereas many American researchers and coaches find it difficult to succeed in just one field. I have been deeply impressed by his philosophy and behavior and I have great respect for him. The contents expressed in the book "The Coach's Mission" are very helpful for aiming at the ideal development of sports.

American authority, like the NCAA, oversee university sports, controlling them with the aim of achieving victory. However, coaches often forget the spirit of selflessness when aiming at victory, overwhelmed by the action and temptation, and lacking educational consideration of the athletes, the reason the coach is there.

Under such circumstances, the content of this book is very timely, and I would like to recommend it to coaches who are now trying to become top-rank coaches, and recommend that they read it completely.

Director of Intramural Sports, University of Hawaii
Lloyd Hisaka, Ph. D.

推薦文

台湾と日本のスポーツ、レジャー・ツーリズムでの共同研究者である二杉茂博士が、今般『コーチのミッション』を出版されました。私は彼が、常日頃スポーツ、レジャー・ツーリズムを通じて、社会との身体運動文化の融合や役割について精力的に調査研究に取り組まれているなか、天理大学バスケットボール部のコーチングにも30年以上の長きに渡り、ボランティアコーチとして指導にあたられ、数々の実績を挙げられていることを知り、尊敬の念をもって見ておりました。我が国台湾では、野球とバスケットボールは、国民の関心も高く、なかでもバスケットボールは人気No.1のスポーツ競技です。台湾において中、高、大学、プロチームのコーチで長年に渡りボランティアでコーチを務めている方は、あまり聞いたことがありません。彼の哲学は「無私無欲」「謙虚」で、誰に対しても公平に対処するところです。そしてリスクをおそれず、何ごとにもチャレンジする精神のもち主でもあります。たとえ失敗し、敗北を喫しても後の勝利につなげる方法や危機を次の飛躍に変える方法を生みだすアイデアマンでもあります。彼は年齢的にも古稀を迎えるなか、衰えを見せない粘り強い不屈の精神で、いつまでも多くの若者に将来の波乱万丈な人生を乗り越える術を、バスケットボールの指導を通じて伝授していってほしいと期待をしている次第です。本書はバスケットボールという枠組みだけでなく、広く人生へのガイドブックになるものであると確信します。

国立台湾師範大学　スポーツ・レジャーツーリズム研究所
林　伯修　Ph.D.

Letter of Recommendation

Dr. Shigeru Nisugi, a cooperative researcher in Taiwan and Japan in sports and leisure tourism, has now published "The Coach's Mission." He has done much research on the integration and role of physical exercise culture in society through sports and leisure tourism, and has also coached the Tenri University basketball club for 30 years or more. He coaches voluntarily and has achieved much, earning great respect. In Taiwan baseball and basketball are very popular with the public, and basketball is the number one sport. I have never heard of coaches who coached voluntarily for many years at middle school, high school, university, or professional teams in Taiwan. His philosophy is to deal fairly with everyone through "selfless desire" and "humility." He possesses a risk-taking spirit and is not afraid to take up challenges. Even when it fails, his idea is that it creates a way that will lead to later victory, so defeat can lead to a new way of thinking. Now in his old age, he shows a tenacious and indomitable spirit that does not show decline and encourages young people to overcome obstacles in the future through the guidance of basketball--it is up to you. I am convinced that this book is not only a framework of basketball but also a guidebook to life in general. I recommend it highly.

National Taiwan Normal University,
Sports and Leisure Tourism Research Institute
Lin Bo Xiu, Ph. D.

はじめに

筆者はバスケットボールコーチとして、50年近くの長きに渡り高校、女子大学、大学男子チームを指導してきた。それは、バスケットボールという競技が好きだから継続できたのだと思う。その魅力はバスケットボールという競技が相手チームに能力の高い選手がいたとしても工夫次第で勝てるチャンスがあるところにある。一人ひとりの努力の結果5人以上の力を発揮できるスポーツであり、やり方次第でチームの選手たちがそれぞれ力以上の結果を出せる競技だからである。強豪チーム相手にも戦い方を工夫し、粘り強いプレーで僅差のゲーム展開にもちこんでアップ・セットで相手チームを撃破したときの、何事にも代えがたい感動や喜びという達成感をもたらしてくれる要素に魅せられた。ゆえにバスケットボールは私の人生そのものになった。

人生山あり谷ありの厳しいものだったが、バスケットボールが私を人間として成長させてくれた。現役時代の恩師であり、コーチの先生の影響が人生を変えてくれた。私もそのような存在になりたいと考え、コーチを志したのである。ともすれば勝敗という結果に固執するあまり、本来のコーチのあるべき姿を見失い、すばらしい結果を出しているのにもかかわらず人間として尊敬されていないコーチに出会うたび、残念な気持ちになることが多々ある。コーチは結果を出さなければならない。その成功のためのトレーニング、戦術を指導することは欠かせない。しかし、選手たちには厳しい人生を乗り切るための示唆を与えることも重要な役割である。またチームに対して応援してくれる多くのファン、父兄、卒業生にも夢や感動を与えられる社会学的な要素もコーチの存在意義だと捉えられる。本書は、筆者の細やかな研究や体験、主として米国ハワイ大学バスケットボール部でのフィールドワークを基にコーチの存在意義や理想のコーチ像について、すなわちコーチのミッションについて言及するものである。現在さまざまなカテゴリーでコーチをされている方やこれからコーチを目指そうとされている方々のヒントにつながればと願い、本書をあらわした次第である。

先日、国際オリンピック委員会は、２０１８年2月に迫った第23回オリンピック冬季大会（韓国平昌市）へのロシア選手の出場を認めないという決定を発表した。かねてよりロシアの国家ぐるみのドーピング違反疑惑についての裁定である。国家の威信や指導するコーチの名声とプライド、メダル獲得後の報酬などさまざまな特典が絡み「勝つため」には、手段を選ばずの行為に走ってしまっていたのである。いわゆる勝利至上主義がエスカレートしていった結果である。かつて、ドーピング問題の背景には、選手がコーチから「ビタミン剤」とか「栄養剤」として薬物を与えられ、服用させられていた実態があった。選手たちは何も知らされず、健康被害に陥るなか、良心的な人々からの内部告発などで発覚し、今回のような処分に至ったのであった。旧東ドイツをはじめ、旧共産圏諸国はこぞって、ドーピング犯罪行為に手を染めていたのである。このドーピング問題発覚以降、IOCは選手たちへの「競技会時検査」を強化し、不正を防止するための手立てを行っている。しかし、IOCをはじめとする各検査機関とドーピング犯罪者側とのやり取りは根深く、一向に改善される方向には至っていない。ドーピング検査をかいくぐる、新たな薬物の開発がなされるといった現実は後を絶たない。今こそ、スポーツにおける崇高な理想である「スポーツマンシップ」の精神に立ち返り、いきすぎた勝利至上主義からの脱却を図らなければ過去の失敗のくりかえしにならざるを得ない。

本書は、勝利を目指し、結果を残すための手立てを述べるとともに、スポーツを通じて努力や工夫をし、協力し合う力を学習することの必要性を言及したものである。勝利を収めることはとても重要なファクトではあるがそれぞれの人生での成功に結びつくようなスポーツの経験でなければ、本当のスポーツの価値にはつながらないであろう。我が国では2020年東京オリンピック、パラリンピックが決まり、メディアはこぞってメダル獲得の話題を提供し続ける風潮が後をたたない。メディアの報道は、いつしか国民のメダル獲得への期待感を増長させていくものである。勝利の追求が過熱するなかドーピング以外の弊害が起きないことを願うばかりである。

開催国がメダル獲得に奔走し、努力することは当然である。しかし、スポーツの歴史をふり返るなか、いつの時代においてもいきすぎた勝利至上主義がもたらした結果は、評価されるものではなかった。この教訓を忘れずにメディアもコーチ、選手も勝利の追求に集中するべきである。そしてスポーツを支える国民、ファンも高い次元からの応援をし、注目することが不正の抑止力につながるものである。

コーチは、勝利を目指す選手たちをサポートし、結果を出せるようにさまざまな取り組みや手段を開発して、実践する。選手たちはそのコーチの教えに従い、努力し、我慢し、仲間と協力する。その経験はその後の人生の多大な財産となるものである。そして、見る側のファンには、そのすばらしい戦いぶりから感動や勇気、希望がもたらされる。

懸命に努力するスポーツのパフォーマンスは、大人はもとより子供たちへの影響もはかり知れず、大きなうねりとなり、我が町、我が地域に定着して町興しのシンボル的な存在にでもなれば、価値あるスポーツ文化の創造になる。スポーツがこのような広がりを見せれば、すばらしい社会貢献活動の一端を担ってスポーツの社会的地位向上につながり、理想的なスポーツ文化の構築となるのである。

目次

3章 勝つために――75

Chapter 3

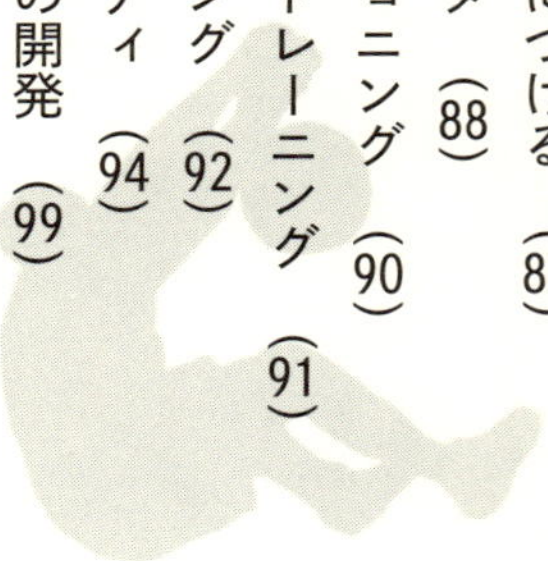

4章 Chapter 4

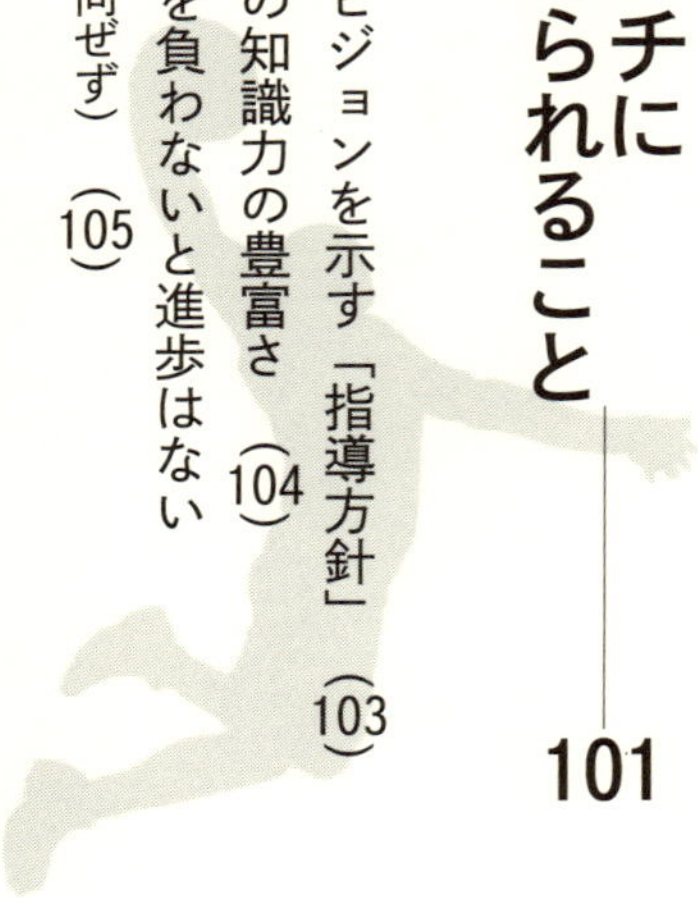

5章 選手に対して——119

Chapter 5

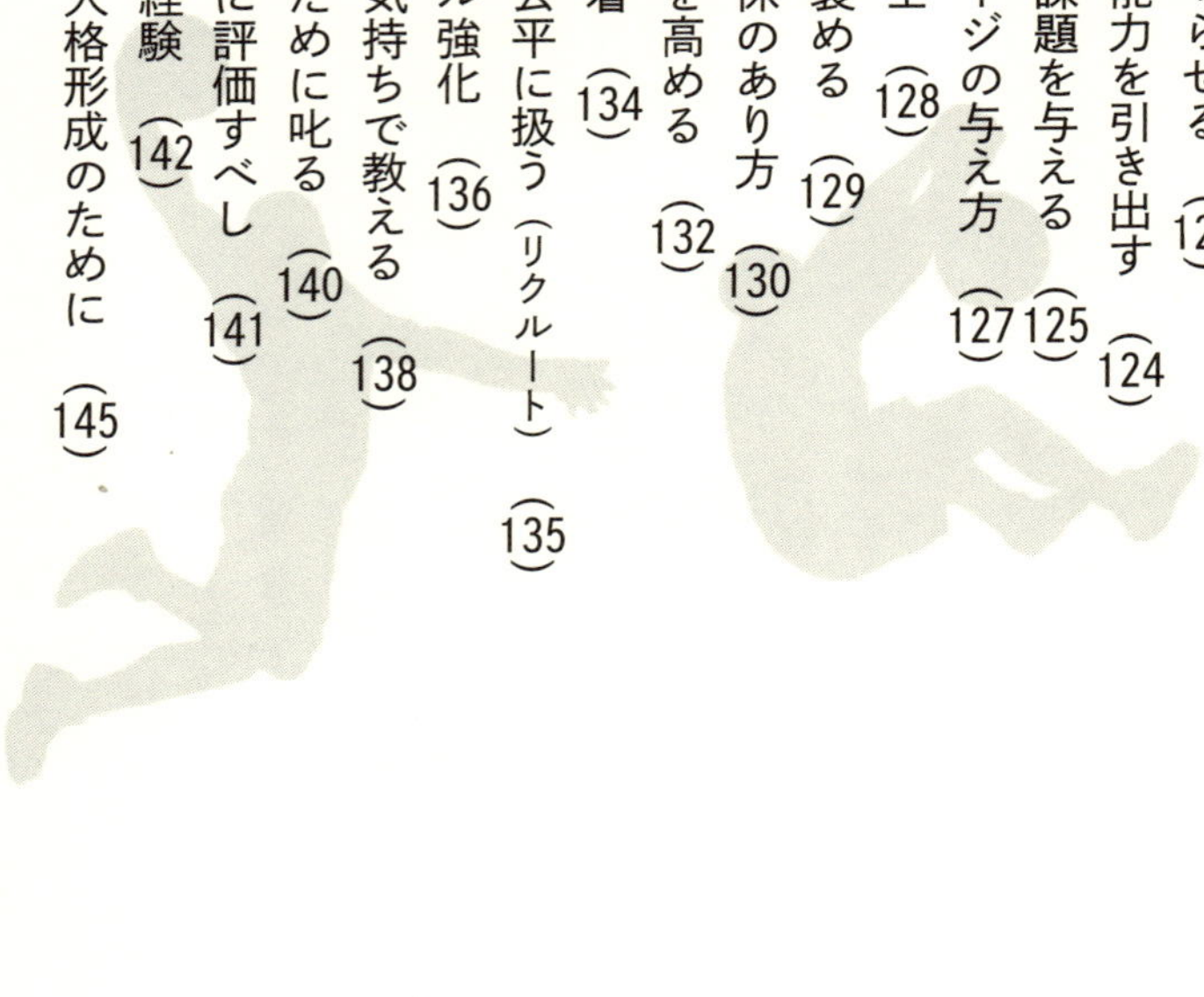

1章　コーチの哲学

Chapter 1

1　コーチとは

コーチの語源について、筆者の友人であるハワイ大学のロイド・ヒサカ博士の講義で述べられた内容を紹介したいと思う。コーチの語源は、ハンガリー北部の町「kocs」に由来し、町の名にちなみ「kocsi」と呼ばれ「kocsi」が英語に入って「coach」になったとのことである。ここでは伝統的に四輪馬車がつくられており、村名が四輪馬車の代名詞となった。その後、指導者が「学習者を運ぶ道具」と比喩されたことから、馬車を意味する「コーチ」が学業やスポーツの指導者を意味するようになり、19世紀には学生の俗語で家庭教師という意味で使われ、やがてそれがスポーツ全般にひろまったようである。筆者が愛用しているバッグの「コーチ」のロゴマークは、四輪馬車である。コーチは「大切なものを送り届ける」という意味で、馬車を語源とする説が定説となっている。

ゆえにスポーツにおいて、選手たちに的確なアドバイスや指導を行いスキルアップにつなげ結果を出せるように導いていく人を「コーチ」と呼称する。スポーツで結果を出し続けるコーチは、有能なコーチであるとか名コーチであると評価される。

しかし、最近ではスポーツ以外の分野においてもコーチという用語は使用されている。経済界や教育界においても、的確な助言を与えてくれるアドバイザーにコーチという呼称が用いられている。一例として、筆者の勤務する神戸学院大学の心理学者であられた故・生沢雅夫博士からあるとき、「二杉先生、新しい組織をつくるにあたり、そのコンセプトについて何かよいアイデアをコーチしてもらえませんか」と尋ねられたことがあった。スポーツ関係者以外の方からコーチという言葉を聞いた経験がない筆者は、とても新鮮な響きを感じた。もう25年も前のことであるが、このとき筆者にとってコーチの語源を再認識できたことはとても懐かしい思い出になっている。

ゆえにコーチの考え方や行動は、コーチングを受ける選手たちにとって凄く大きな刺激となって影響されていくもので、大変責任が大きな仕事になる。しかし、バスケットボールのコーチとしては、結果も出さなければならない。いくら立派な人格者であっても、結果を出せず淘汰されていったコーチたちを筆者はたくさん見てきた。

米国のディビジョン1大学におけるコーチたちの生き様は、筆者の人生にとても大きな示唆を与えてくれた。筆者は、教師とボランティア・コーチの二足の草鞋を履いたバスケットボールコーチである。結果を出せずとも、米国プロコーチのように淘汰されることはなかった。しかし、米国のプロコーチは、結果が全てである。頭脳明晰で人格的にもすばらしい人たちが、結果を出せずに埋没していく厳しい競争の現実を目にしてきた。しかし、そのコーチが、日頃からふるまいや行動、姿勢において、多くの人々や社会から尊敬や信頼の念をもって迎えられている人格者であり、また支援者や協力者があらわれ復活をはたしていくさまも多く見てきた。

ともすれば熾烈な競争社会のなか、勝つためには手段を選ばない人や自己中心的なパーソナリティのコーチが、埋没して消えてしまった例は枚挙にいとまがない。

筆者は、米国はもちろんのこと、世界中を回るなか、文化、思想や政治体制の異なる社会や国家においても「人の評価」の価値観は同じであり、本質は変わらないことを学習できた。そのような評価を受ける全ての人たちは、自己中心的でなく世のため人のために行動したり思考できる人を指すことを確信できた。このような人は、多くの人たちから尊敬や信頼を受け、文援や協力を得られる。ゆえに、コーチは「ナイスガイ」と呼ばれる人材育成をも大切な仕事であると確信し、勝利に導く仕事と並行して取り組んでいる。

2　コーチの哲学

コーチの役割は、チームを勝利に導くための戦術やトレーニングの開発と、社会的に尊敬される人材育成を図ることというのが、筆者のコーチ哲学である。今まで数多くの卒業生を社会に送り出してきた。この卒業生たちの社会での評価が、ブーメラン効果として筆者の信用にかかわってくるのである。「あのコーチ一杉の門下生は『ナイスガイ』の人が多いね」、といわれる評価が芽生えれば、それなら自分の選手も私の子供も彼のチームに預けたい、プレーさせたいと思われるようになるものである。筆者は、チームのマネージメントの効率性やモチベーションアップに「スローガン」を掲げ、チームのコンセプトにしている。今まで日本一になったことはないが、おそらく日本でも短い時間しか練習をやらない部類のトップクラスであると自信をもっていえる。

米国ハワイ大学にコーチの勉強にいき、最初に衝撃を受けたのは練習時間の日米との違いであった。猛練習が強豪チームの代名詞である日本のスポーツ文化で育った筆者は、カルチャーショックを受けたことが今でも鮮明に思い出される。誤解のないようにしていただきたいのは、米国の強豪チームは猛練習をしないといっているわけではない。彼らはやるときは日本の猛練習以上の激しい練習をやる。ただ、その方法が厳しいなかでも合理的で科学的な練習なのである。何よりも選手の怪我や故障のケアマネジメントを見据えた猛練習なのである。それでも怪我や故障は起きるが、その発生率はおそらく日本のそれと比較して低いと思われる。万が一アクシデントが発生してもその応急処置や回復へのリハビリの手立ては、科学的にも完璧な準備や組織体制が確立されている。

日本でもトップクラスのBリーグのプロチームは、財源があるので米国と同様にアスレティックトレーナーを配備して、選手のアクシデントの予防やリハビリを行うようになってきている。大学でも大きな総合大学や財源の潤沢なチームは、同様のシステムやスタッフを配備し選手たちへのケアを行っている。体力トレーニング、戦術、戦法などは米国スポーツ文化に近づくようになってきたが、アスレティックトレーナーの配備はまだまだ遅れているのが現状といえる。

3　コーチの資質

コーチの資質は、コーチも兼ね備えなければならない重要なことであると認識しなければ、結果を出し成功していくコーチにはなれないと確信する。

コーチのなかにも資質に問題がある人物がいる。それは、強者には媚びへつらい、弱者には傲慢な態度で接する人である。米国のディビジョン1をはじめとする多くのコーチたちに約30年間接してきたが、未だかつて日本の自己中心的なタイプのコーチたちに巡り合ったことはない。もちろん日本人コーチのなかにもそうでないキャラクターのコーチもいるが、私の経験からは少ないと断言できる。何もバスケットボールコーチに限ったことではない。その他の各種の職業のなかにもたくさん見受けられる。学力優秀で立派な学歴のもち主にもかかわらず、上から目線でかっこをつけた態度の人はいる。その人以外の人たちの多くは、よしと思っていないのに、本人は全然気がついていないのである。寂しい話だ。どのような背景からこのような人間が生産されたのだろうか。その底にあるのは「コンプレックス」である。ここまで生きてきて苦労や努力の末やっと人並み以上のポジションに到達し、多くの人たちからその功績を評価、称賛され、気を使ってもらったり特別待遇を与えられたりして、初心を忘れ勘違いがはじまったのである。「ナイスガイ」といわれる人は、絶対にこのような態度や行動には出ない。バスケットボールや仕事でも結果を出せている間はまだよいのである。「日はまた沈む」のたとえのように、いつか勝てない時期や悪い結果に陥るときが到来するものだ。そのとき、周囲は手の平を返したように去っていく。そのまま埋没していくコーチや復活を遂げるコーチもいるが、復活をはたせてもこのロスタイムがもったいなく、謙虚に行動していればもっと高いレベルに早く飛躍できたのにと惜しい気持ちにさせられるコーチは多々見受けられる。

今夏、筆者の母は95歳で天国に召された。幼いときこの母によくいわれた「実るほど頭が下がる稲穂かな」のフレーズは謙虚さをあらわし、「一生勉強」、「一生辛抱」、「一生チャレンジ」のキーワードは、筆者のコーチとして努力し続ける行動の源泉になっている。

また、ハワイ大学のヘッドコーチであったライリー・ワレスは、我々アシスタント・コーチたちに対し、コーチとして成長していくにはスローガンを掲げて、初期の志を忘れないようにせよと話されていたことも資質向上にはプラスになることであると思い出される。「Dream Big Work Hard !」このスローガンは筆者の脳裏に焼きついていて、今でもたえず口ずさむようにしている。大きな夢をもち、その実現のためには努力を怠るなということであり、バスケットボールというスポーツだけに限らず、人生のなかでも活用できるとてもシンプルなスローガンだと思われる。

元UCLAヘッドコーチのジョン・ウッデンは、1948年にUCLAに着任し、1967

年から1973年にはNCAA選手権7年連続制覇という不滅の偉業を達成した。彼は27年間にわたってチームを指導し、NCAAバスケットボール界におけるUCLAの地位を揺るぎないものにした。ウッデンは、「何ごとにおいても選手が主役であり、練習で適切に指導していたら、本番のゲームにおいて選手に指示することはない」と確信している。だから、どのゲームに対してもチームのフォーメーションプレーは完璧で、あたかも指揮者が自分の思い通りに演奏するオーケストラのメロディーにじっと聴き入っているようなものだったようである。

コーチは、慎み深さをもち、好ましい道徳心と強い責任感を備えている人である。ジェリー・リンチは下記の望ましいコーチのキャラクターをあげ、9つの「たいせつ」として、コーチは評価するだけでなくそれを実行しているか、ということも省みてほしいと述べている。

〈望ましいコーチのキャラクター〉

1 誠実さ　2 正直さ　3 親切さ　4 我慢強さ　5 信頼性　6 一貫性

7 寛容性　8 謙遜　9 公正さ

また、恩師ライリー・ワレスからは、具体的には「コーチは公正で誠実、正直、寛容の精神をもち、指導においては我慢強く一貫性と公平さが信頼感を築くものである。」と若いコーチたちにミーティングを通じてたびたびレクチャーを受けた。そして、コーチの生命線は勝利を上げていくことである。勝利を上げるには戦略、戦術、科学的なトレーニングの研究と開発が

2017年 ハワイ大学にて（左：ワレス氏、右：筆者）

必要である。結果を出し、成功して信頼や支持を掴めるコーチは以上の資質を備えた人間であらねばならない。結果が出せるようになると勘違いして、傲慢になるコーチはよく見受けられるが、地に足をつけ着々と成長していくコーチには浮かれている余裕などない。このような人格あるコーチに指導を受けた選手たちもコーチ同様、謙虚で常に前向きに努力する選手に育つものである。

4 アイデンティティー

アイデンティティーとは、日本大百科全書によれば「個物や個人がさまざまな変化や差異に抗して、その連続性、統一性、不変性、独自性を保ち続けることをいう」と定義している。１９５０年代アメリカの精神分析学者Ｅ・Ｈ・エリクソンが、アイデンティティーとは「自己確立」ないしは「自己固有の生き方や価値観の獲得」に他ならないとしている。主体性、独自性、同一性をあらわし、ある人の一貫性が時間的、空間的に成り立ち、それが他者や共同体からも認められていることである。

さしずめバスケットボールにおいては、コーチ及びチームのカラーやスタイルが独自性をもった戦術、戦略で戦う特徴を備えて結果を出し、評価を受けられるチームづくりを筆者はたえず念頭において準備をしている。米国のコーチとの議論で「選手のロボット化」は、よく話題になる。今まで多くの米国コーチと会ってきたが、全てのコーチは「選手のロボット化」には反対を唱えていた。米国の民主主義の一端があらわれているコメントだと思う。コーチはそれぞれの選手たちの人権を考えて指導していることが、よく理解できる。チームにとってコーチの存在は絶対である。コーチの考え一つで選手が試合に出られたり、ベンチ入りもできなかったりするわけである。コーチは選手たちの将来に大きな影響力をもつことになるので、責任はとても大きな仕事になるわけである。選手たちのアイデンティティーを育む責任者になり、スポーツを通じての人格形成を担うことで、生涯にわたってスポーツとどう向き合っていくかのキーパーソンになるので、独裁者や王様にもなり得るし、人生の伝道者にもなりうる。選手たちからはいつまでも尊敬されたり、慕われたり、選手たちの人生にも示唆を与えたり、影響を与えるようになるのである。ゆえに、米国のコーチは自分たちの立場を理解しているので「ロボット化」はしないと明言するのである。

翻って我が国のコーチたちはどうだろうか。勝つことにだけ集中するのであれば、選手の「ロボット化」は手っ取り早い手段である。だから、極端にいえば、自分で何も考えず、コーチの顔色ばかり気にして指示を待つ「ロボット化」に選手を追いやってチーム強化を図るコーチが多いのではないだろうか。

筆者のチームの選手でも強豪校からきた選手には、「ロボット化」に汚染された選手が多くいる。この選手たちを普通の人間に改善するのは、大変な時間と苦労を要する。しかし、筆者は時間を要しても、「ロボット化」はしない。それは、選手のアイデンティティーを育み、尊重したいからである。筆者自身が、パワーで拘束されたり制約されたりするのが一番苦手な人間である。選手たちも自由で自分の考えをもつ人間に育ってほしいと願っているのだが、「ロボット化」に汚染された選手はなかなか難しく、自由をはき違え、チームのガバナンスに抵触することがある。チームは教育的側面の一方で、勝利を追求しなければならない。だから「ロボット化」に汚染された選手でもポテンシャルな能力をもった選手を活用してチーム力アップにつなげる必要がある。ゆえに効率的なチームマネージメントが必要不可欠になるのだ。

チームのためには選手個人が犠牲になっても勝利に貢献するべきであると考えるコーチが、一般的な考え方であると思う。また、個人タイトルよりも勝利を優先したいと考える選手も多いと思う。しかし、筆者は選手個人のアイデンティティーも大事にしたいと考えている。欲張りかも知れないが、「自分をも活かしながら、チームに貢献できる」一石二鳥的な発想でチームづくりを行っている。実際の練習場面で、また試合の場面で、「自分が活躍した」「自分が得点した」という感情があってこそ、「皆のおかげで活躍でき」「チーム力で得点できた」という気持ちに変わっていくのである。そのような心をチーム全員がもてるような練習方法や試合の際の戦術を念頭に選手起用を常に考えている。

それから、選手個人の存在感を大切にするもう一つの例が、ウォーミングアップのやり方を選手個人に任せる考え方である。選手個人によって筋肉の質や心肺機能も違う。ウォーミングアップに充分時間をかけなければトップスピードで動けない選手と、少しの時間でも動ける選手の違いがある。もし一律に同じ時間ウォーミングアップを行えば、少しの時間でトップスピードに入れる選手にとってはオーバーワークになってしまう可能性も生じてくる。

個人とチーム全体の特徴を見極め、ウォーミングアップ一つとっても個性の尊重を心掛けている。

5 リーダーシップ

コーチは、選手、チームを勝利に導くことが大前提である。それには選手がどのような能力をもっているかをアセスメントでき、その選手がおかれている状況をも把握しなければ人材を育成、成長させることはできないであろう。常に前向きで過去にかかわらず未来志向のスタンスで努力を継続していく姿勢は誰の目にもわかるものである。強い情熱をもち、大きな夢と努力を惜しまないキャラクターで、選手を公平に扱う人でなければ人はついてこない。ライリー・ワレスは、筆者に成功するコーチや選手について話してくれた。そのポイントは次の4点である。バスケットボールの「能力」があるか、その人は「努力家」であるか、その人は「強運」をもち合わせているか、その人は「素直で謙虚さ」をもち合わせているかが成功するためには不可欠な条件であると教えてくれた。筆者はこの哲学を今でも忘れないように大事にしている。少しうまくいきだすと、過信し、新しい戦術の開発や研究を怠り、傲慢になる人にはバスケットボールの神様は、今までもち合わせた運もどこかへもっていってしまう。このようなコーチや選手には真のリーダーシップなど備わるはずはない。誰からも尊敬、信頼される人間であることがリーダーシップを兼ね備える原点である。はたして皆さんはいかがだろうか。スポーツに限らず、一般社会や企業社会でも同様だと思う。尊敬される上司や仲間になるには4つのキーワードを思い出してほしい。

6　ブランドとベンチャー

バスケットボールチームの表現で伝統がある「強豪チーム」とか、まだ設立から間がなくそれほど強くないチームを「新興チーム」と呼んだり、イメージで「新興チーム」に対し低い評価をすることがある。しかし、伝統あるチームも元々は新興チームであり、バスケットボールが未発達の時代に設立されたため、レベル的にはとても低い段階からのスタートであったと推察される。だから、筆者は日本的な伝統チームとか新興チームであるとかの評価基準については考えないスタンスをもっている。そんななか、日本のバスケット界はBリーグの誕生で大きく変わろうとしている。プロ野球界もドラフト制度を導入してから、チーム力が拮抗し、2017年の日本シリーズは横浜DeNAベイスターズとソフトバンクホークスが対戦した。伝統チームの読売ジャイアンツは4位に後退した。伝統チームもブランドだけでは勝てない状況になってきたのである。野球界は大いに盛り上がり、観客動員数も前年を大幅に上回った。バスケットボール界もBリーグの誕生で今のところテレビ放映も大幅に増え、人気度は上がっている流れになり、活況を呈するようになっている。その要因は優秀な外国人コーチや外国人選手の活躍の影響抜きには考えられない。しかしながら大学や中高のアマチュアバスケットボールの世界は、依然として伝統チームとか新興チームであるとかで判断を下し、伝統のあるチームに人気が集中する傾向が強いようである。しかし、筆者はアマチュアバスケットボールの世界も今の傾向がいつまでも続くことはないと考えている。それは中高も大学も外国からの留学生がもっともっと入りこむようになると思えるからである。現実にスポーツ以外の勉学の世界では大学も中高も多くの外国人留学生が在籍して勉強に励んでいる。そして日本は少子高齢化の波が確実にやってくる。大学も中高もスポーツを広告塔として今以上に力を注入してくるであろう。そうなれば、強化のため外国人留学生を導入した新興チームと称されるチームもどんどんと力をつけるようになる。そうなれば必然的に伝統校の有利性は脅かされるようになってくる。おそらく背に腹は代えられない状況から伝統校も外国人留学生を受け入れる方向に舵を切らざる状況になると考える。

さて、違った視点から新興チームの強化について述べたいと思う。拙著『米国NCAAバスケットボールに学ぶコーチングイノベーション』のなかで述べたものを引用するが、世界的な大企業の「パナソニック」、「ソニー」、「ホンダ」、「トヨタ」もはじめは小さな町のベンチャー企業であった。当時の創業者やスタッフが大変な努力を結集し、新製品を開発して世の中のマーケットで認められて今日があるのである。一朝一夕にはいかない。駆け出しのベンチャー企業は「人」、「物」、「金」、「情報」といった経営資源はどれも乏しい。それでも、たゆまぬ情熱と努力、工夫でのし上がってきたのだ。「パナソニック」をはじめとする先ほどの企業も同じである。この大企業に新興チームでがんばろうとしているコーチの皆さんは、大企業のベンチャー時代に自チームをおき換えて考えてみてほしい。きっと希望や意欲が湧いてくると思う。伝統あるチームも、創部当初は新興チームであったのだ。筆者もたえずうまくいかないときや大きな壁にぶち当たったときには、先人の努力やあくなきフロンティアスピリッツを思い出すようにしている。「たかがバスケットボール、されどバスケットボール」の心境で自分自身を叱咤激励している。新興チームのコーチはゼロからのスタートなのだ、何も失うものはないという、開き直りの気構えも必要ではないだろうか。しかし、他者と違うオリジナリティの哲学をもち合わせ、新しい戦略、戦術の開発が必要不可欠である。筆者はそれを「ディレイゲーム」に求めたのである。新しい発想の戦術を開発し、それが効果をあげれば選手や社員のモチベーションは否応にも上がる。先ほど述べた経営資源の乏しいベンチャー企業は、他社がやっていない商品を世に出し注目が集まり、売り上げが増せば社員のモチベーションは高揚する。お金がなくても「考える開発力」で勝負できる可能性があるのだ。バスケットボールにおいても同じである。世の東西を見ても、どのような文化の国や地域においても弱いとか小さいと思われる選手、企業が大きな選手や大企業に打ち勝つ姿には賛同し、拍手喝采を贈るものだ。いわゆる「ヒーロー」になれるのである。ぜひ希望をもって前に進んでほしいものである。

7 チャレンジャーたれ

バスケットボールに限らず、あらゆるスポーツにおいて成功していくには、大変な努力と苦労を乗り越えていかなければ簡単に栄冠は勝ち得ない。企業においても伝統チームと新興チームのところでも述べたように、松下電機、今のパナソニックは今や世界的なブランド企業であるが、創業当時は小さな町工場からベンチャー企業としてスタートした。このエピソードは、同志社大学バスケットボール部OBで、元関西学生バスケットボール連盟理事長を長く務められた西島靖之氏からお聞きした話だが、松下電機社長であられた故・松下幸之助氏が関西学生バスケットボール連盟の理事長を歴任されていたようである。半世紀以上前であったわけだが、たえず「そろばん」を携帯され、理事会においての予算会議にはその場でパチパチとそろばんをはじきながら、きめ細かく議論され、いつもエネルギッシュで前向きな姿勢の話をされていたと聞いた。ベンチャー企業の宿命は、「人」、「物」、「金」、「情報」といった経営資源が乏しいなか、新規商品の開発と過酷な競争マーケットで販路を広げていかなければならないのである。粘り強く、柔軟な思考で、現状に満足せずたえずチャレンジャー精神をもって組織を維持、発展させなければならないのである。そのような立志伝中の著名な松下氏が、もち前の開拓者精神を発揮して関西学生バスケットボール連盟の基礎を築かれ、発展させられたご功績の背景には、ご本人が日々実践されていた、チャレンジャー精神があったからだと推測する。リーダーが新しくスポーツのチームづくりや強化を考えるならば、チーム、選手にもチャレンジャー精神の文化を育むことをまずベースにするべきではないだろうか。2017年度は、筆者が指導している天理大学バスケットボール部は、永年栄光の歴史を歩んできたが、最悪の結果になり、屈辱の二部降格に至った。このような結果についてはさまざまな要因が考えられるが、現部員たちが先輩諸兄の築いてきた努力や工夫といった高潔な文化を忘れ、危機感や責任感といった情熱が曖昧になり、組織への忠誠心が希薄になっていたことが原因として推察される。100人近い部員を、筆者を含めてアシスタントコーチ、学生スタッフ全てがボランティアで任にあたっており、日頃から指導の限界を感じるようになっていた。それとともに、大所帯の部員を抱えるためチームガバナンスも曖昧にならざるを得ない状況も今回の結果に至った要因と考えられる。いわゆる大企業病に陥っているのだ。今後チームを甦らせるには、思い切った構造改革やマネージメントも必要であるが、弱小チームであった時代のチャレンジャー精神を思い出させて粘り強く努力を積み重ねていくしかないと思う。まさに「一寸先は闇」の諺を体験したシーズンになった。選手たちだけの責任ではなく、筆者を含めたスタッフもそれぞれの仕事をこなしながらの指導であるので、今まで以上に効率的なマネージメントの必要性が求められる。フルタイムのコーチが全盛になりつつある学生スポーツ界において、いかにして競争に打ち勝っていくのかは、我がチーム環境を考えるなかではハードルはかなり、高いものがある。しかし、筆者のコーチの理想像は、苦労や困難というハード・ウェイを乗り越え、創意工夫を擁して甦り、再び栄光を掴み取る「賢く行動するコーチ」である。それはまさしくチャレンジし続けるコーチの姿であり、有意義な人生そのものであると確信している。

8 あくなきチャレンジ

筆者は、多くの米国人コーチやスポーツ研究者からさまざまな哲学を学んだ。元ハワイ大学ヘッドコーチのライリー・ワレス氏については、すでに述べた。ライリー・ワレス氏のアシスタント・コーチとしてチームを支えて、ハワイ大学を強豪チームに押し上げた功労者はボブ・ナッシュコーチである。彼は、ハワイ大学卒業後1972年にNBAのデトロイト・ピストンズに入団しその後、ＡＢＡのサンジエゴ・コンキスタドアーズを経て、カンザスシティー・キングスでプレーした経歴のもち主である。引退後は１９８４年母校であるハワイ大学のコーチに就任した。オールド・ファンはご存知の方も多いと思うが、元松下電器で活躍したジェローム・フリーマン選手は、同じハワイ大学のポイント・ガードとしてともに活躍した。このときボブ・ナッシュコーチはセンタープレイヤーであった。筆者はボブ・ナッシュコーチにはことのほか世話になった。当時のハワイ大学は、ユタ大学、ブリガムヤング大学、ワイオミング大学、テキサス・エルパソ大学などのウエスタン・アスレティック・カンファレンスに所属していた。とても懐かしい思いが甦ってくる。ボブとはいつもホテルでは同室で宿泊した。毎夜バスケットボール談義に花を咲かせ、いろいろ教えてくれた。今、筆者がもっている知識の基礎は、彼のレクチャーからのものだといっても過言ではない。彼は、ライリー・ワレスヘッドコーチの勇退の後、２００７年ハワイ大学のヘッドコーチに就任した。しかしながら、成績不振で解雇された。わずか3年の短命に終わったのである。筆者も毎年12月のハワイ大学の招待ゲーム、レインボー・クラッシックには観戦に訪れていたので彼の解雇はとても悲しい出来事になった。米国ＮＣＡＡの厳しい現実を見せつけられた瞬間だったので、今でもそのシーンは鮮明に覚えている。そんななかでも、彼は再びチャレンジを試み、２００７年ＢＪリーグの埼玉ブロンコスのヘッドコーチに就任し、２０１１年にかけてチーム新記録の7連勝を達成したが東日本大震災が発生し、チームの活動休止に伴い、そのまま退任を余儀なくされた。筆者は、彼が滋賀レイクスターズとのアウェー・ゲームにきたとき駆けつけ、再会をはたした。しかし、当時のＢＪリーグは、現在のＢリーグとは比べものにならないくらいの財源不足で、おそらく待遇もけっしてよくなかった。しかし、不平不満もいわず一生懸命にコーチングをしていたのを見て筆者は、とても辛い気持ちになった。それは、米国ＮＣＡＡのディビジョン1元コーチのステータスとサラリーなどの待遇があまりにも違うことが分かるからである。華やかな米国ＮＣＡＡのディビジョン1チームのヘッドコーチの彼がこのような待遇のよくないチームでも昔ながらの情熱をもって采配をふるっている姿を見て彼の凄さを改めて感じた。ボブ・ナッシュは試合後、別れ際に筆者にいつまでも「チャレンジ」を継続することから人生の成功が生まれるから、「SHIGI」もがんばれと励まされた言葉が忘れられない。彼からは再び勇気をもらったのである。彼の奥さんは２０１6年に亡くなったのだが、かつてはユナイテッド航空のエアーホステスとして勤務したびたび来日していた日本大好き人間であった。だから、彼は、奥さんの大好きな日本にきたのではないかと推測した。２０１2年富山グラウジーズのヘッドコーチに就任、２０１2―１3シーズン、チーム初のシーズン勝ち越しとプレイオフカンファレンスセミファイナル進出を達成している。２０１3―１4シーズンではさらに勝ち星を増やし、カンファレンス1位となった。プレイオフでもカンファレンスセミファイナルを突破し、最終順位は歴代最高の3位に導いた。２０１4―１5シーズンはレギュラーシーズン5位でプレイオフは1回戦で敗退したが、２０１5―１6シーズンではレギュラーシーズンで2シーズンぶりのカンファレンス1位で最優秀コーチ賞を受賞した。プレイオフも勝ち抜き、富山を準優勝に導いたのである。最愛の奥さんの死を悼み、奥さんの眠るハワイに帰る決意を固め契約満了に伴い辞任した。今は、ハワイで静かに暮らしている。筆者は彼からは多くを学び心より感謝している。彼の哲学と信念はまさにチャレンジの連続の人生であり、不屈の精神は多くの示唆を筆者に与えてくれた。彼の生き様を見るなか、本当にバスケットボールを愛していることがよくわかった。

9 ルーティーン

「ルーティーン」とは、実用日本語表現辞典では「決まった手順」、「お決まりの所作」、「日課」などの意味とし、企業における業務上毎回決まって行う作業を「ルーティーンワーク」と称している。野球では先発の打順を「先発ルーティーン」と呼んだり、スポーツの試合のここぞという場面で、集中力を高めたり「ゲンを担いだり」する意味合いで行われる選手独自の儀式的な所作を、ルーティーンと呼んでいる。また、ゴルファーがショットに入る前にくりかえし行う同じ動作や心の準備プロセスのことを「プリショット・ルーティーン」とも呼んでいる。いつも同じように行うべきだといわれるもので、ほとんどのツアープロが取り入れ実行しているが、ショットの成功率を高めるためには極めて有効なものだと広く認知されている。それを

2016年 天理大学にてクリニック（前列筆者の右：ミランコーチ）

行う理由は、ただ単に一連の動作を毎回同じにすることでスムーズにショットに入ることを目的にするだけでなく、その間のチェック・ポイントや思考パターンも同じにすることで、ネガティブな考えなどが入りこむ余地を排除し、集中力を最大限に高める。プリショット・ルーティーンはその目的をどうしたら達成できるかを考え抜いて独自の手順とスタイルに辿り着いたもののはずだが、そのステップや具体的な行動は人によってさまざまである。テレビでゴルフや野球を見るとき、ゴルファーがショットを打つ前の所作や、野球でネクストバッターサークルにいる打者の所作などに注意して見てほしい。それぞれ自分のルーティーンで準備をしていることに気づかれると思う。

筆者は自チームの選手たちには、特にフリースローを打つとき、深呼吸をさせてからの所作「ルーティーン」を行わせてから打たせるようにしている。このルーティーンは以前、セルビアのミランコーチからクリニックをしていただいたとき、フリースローの確率を上げるための所作としてショットを打つ前の段階から取り組む方法をレクチャーしてもらい、成果が上がるようになってきた経緯から継続している。我々はこの一連の取り組みを「オーバーアクション」と呼び、チームルーティーンとして行っている。導入以前よりは、かなりフリースローの確率は上がるようになった。深呼吸で心を落ち着かせ、雑念を払うことによって集中力が増す、ルーティーンは今では大切なチームコンセプトになっている。我が国の文化にも古くから「ゲンを担ぐ」という意識や行動はあった。筆者は試合前の行動の一つに、以前勝利を収めたとき、会場まで歩いた道を「ゲンを担い」で再度歩くようにしているが、これもルーティーンの一つである。人間の心理は人それぞれ違うため自分に合った所作を開発して、勝利に成功につなげてほしいものである。

10 step by step

米国ではバスケットボールゲームを「ハビット・ゲーム」とも呼び、日々の練習で反復練習をくりかえし、スキル、体力、戦術を積み上げ、習慣化をはかって選手個人とチーム力のレベルを上げるように指導がなされている。ファンダメンタルを重要視する米国ではスキルアップ用のドリル練習も多くの時間をさいて充当している。この、あまり面白くないファンダメンタル用のドリル練習も「手を変え品を変えて」選手たちが楽しめる内容のメニュー開発を行い、選手たちに提供を図っている。

多くの米国コーチはスローガンとして「thinking basketball」を掲げ基本練習としての各種ドリルに対しても、たえず「考えてプレーする」姿勢を強調して指導にあたり、一歩一歩着実にこなしていく積み上げ方式を採用して、徐々にレベルアップにつなげようとしている。焦らず、根気強く、楽しみながら練習をこなしていけば、成果もついてくるものである。筆者の考えは基本をおろそかにせず、考えながら楽しむ練習を行えばモチベーションが高まり、自主的に取り組む積極的な選手育成につながると考えている。コーチがすばらしいリーダーシップをもちあわせていても、積極的で粘り強い選手の成長や育成には時間もかかるものである。まさに『ローマは一日にしてならず』のたとえ通りである。明確な到達目標を設定して、地道な努力を積み重ねていけば、必ず花も咲き、実もなる。積み重ねの努力をチームの高潔な文化に位置付け、明るく前向きなムードを醸し出すのが筆者の理想のチームづくりである。毎日コツコツと努力する人、毎日コツコツと努力できない人が4年間の大学生活でその差はどうなるのであろうか、大きな差がつくものである。

11　マネージメント

コーチはチームを成功に導く責務がある。結果を出すコーチは確固たる信念や哲学をもち、それをベースにして合理的なマネージメントを行っている。筆者は、米国バスケットボール界のレジェンド元UCLAヘッドコーチ ジョン・ウッデンの「成功へのピラミッド」を参考に掲げチームマネージメントに取り組んでいる。結果を出し成功をはたすコーチはチームの成長や発展にいかに取り組むべきかの指導理念と哲学をもち、一貫してぶれない指導を継続している人である。

ジョン・ウッデンの「成功へのピラミッド」は、成功を目指そうとするコーチにはぜひ参考にされるべき指導理念であることはまちがいない。彼は大学選手権（NCAA）7連覇（1964年から1975年）の偉業を達成した名コーチである。27年間の在職期間で10回の大学選手権優勝と88連勝（1971年から1974年）をやってのけた記録は、今後おそらく破られない記録であると思われる。

ジョン・ウッデンが考案した成功へのピラミッドの哲学は、15の構成（Building Block）と10の塗料（ジョン・ウッデンの成功へのピラミッド baske-video-doga.seesaa.net/ article/427348946.html）によって成功への方程式を組み立て、コーチングのマネージメントに活用し、結果を出し成功を収めた。その内容は以下の通りである。この哲学は、ただ単にバスケットボールというスポーツに限定せず、あらゆる分野で活用されている。

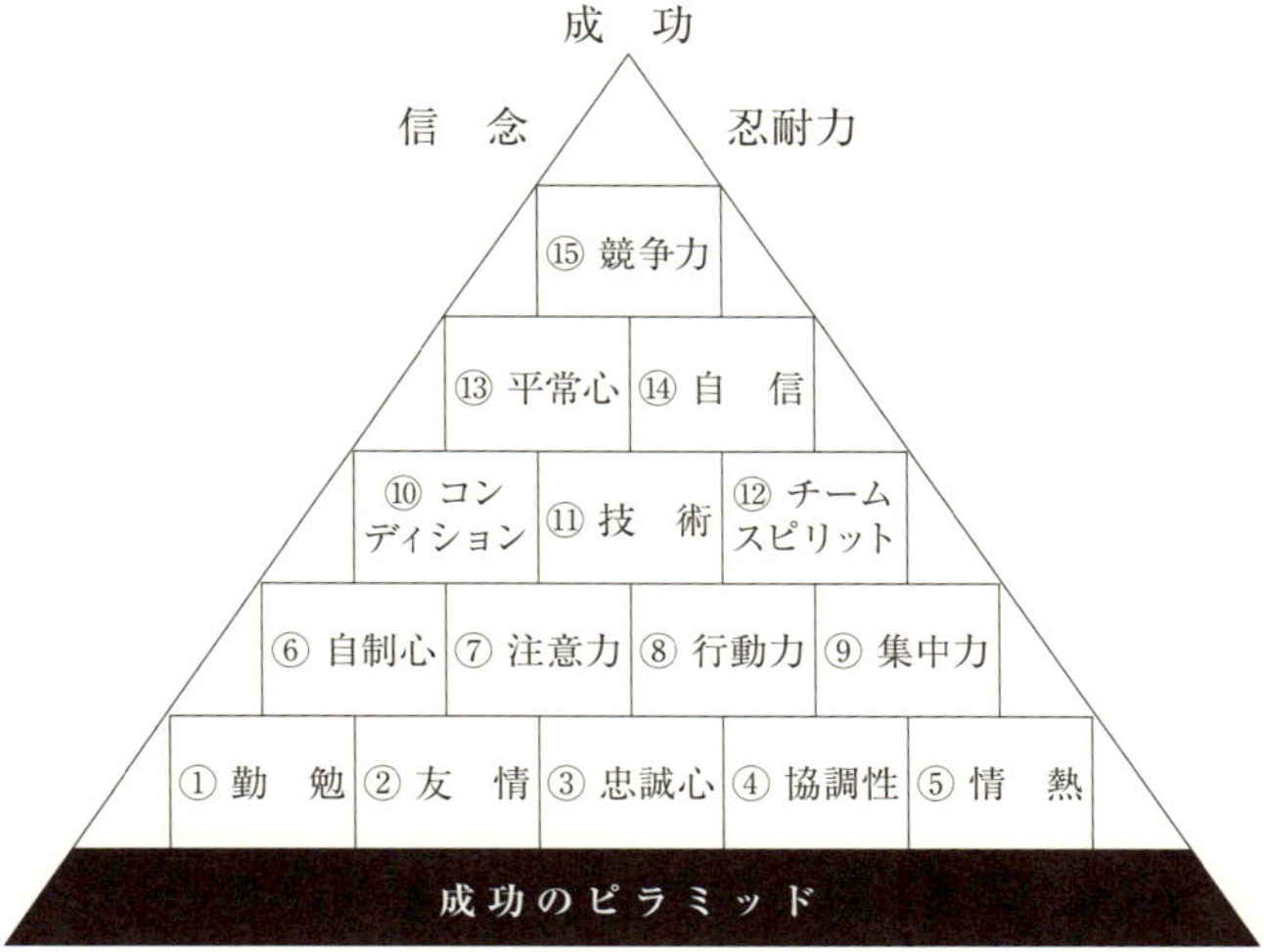

10の塗料

①野心	③適応力	⑤機転力	⑦闘争	⑨忍耐
②誠実	④素直さ	⑥信頼	⑧高潔	⑩信仰

（15の構成）
①勤勉 ②友情 ③忠誠心 ④協調性 ⑤情熱 ⑥自制心 ⑦注意力 ⑧行動力 ⑨集中力 ⑩コンディション ⑪技術 ⑫チームスピリット ⑬平常心 ⑭自信 ⑮競争力

（10の塗装）
①野心 ②誠実 ③適応力 ④素直さ ⑤機転力 ⑥信頼 ⑦闘争 ⑧高潔 ⑨忍耐 ⑩信仰

成功へのピラミッドの図は15個のブロックをあらわしているが、一番端の「勤勉」と「情熱」をコーナーストーンと呼び、最も大切なキーワードと位置付けている。これらの

15のブロックを、崩れないようにつなぎ合わせるモルタル塗料が必要である。それが10のキーワードである。平たくいえば15のブロックを崩れないようにするセメントの役割をモルタル塗料が担っているのである。「勤勉」「情熱」を中心とした15のブロックとそのブロックを崩れないようにつなぎ合わせているセメントの役割を担っている10の塗料も成功には欠かせない。このジョン・ウッデンの哲学は、著名なコーチがたくさんいるなか、特筆すべき考えのもち主であり、バスケットボールに限らずビジネスや教育などいろんな分野においても活用できる内容である。彼はまさに文武両道を実践し、多くの人々から尊敬と信頼を集められた人物であることが充分理解できる。UCLAの体育館の壁には今なお「成功のピラミッド」の大きな図柄が設置され、ジョン・ウッデンの哲学を称えている。残念ながら我が国のあらゆるスポーツの分野で彼のような偉業とともに哲学をもち合わせている名コーチはいないであろう。「成功へのピラミッド」は人格者ジョン・ウッデンの偉大さを象徴している。彼の持論は、成功とは名誉や地位を得ることでなく、「自分のもっている能力を最大限に発揮する努力を積み重ねて得られる満足感である。」と述べている。簡潔な言葉ではあるが、大変重い響きがあり、感銘を受ける内容である。

ジョン・ウッデンは成功へのピラミッドを石にたとえ、ピラミッドの基礎で最も大切なのは「コーナーストーン」と呼ぶ「勤勉」と「情熱」が最も大切であるとしている。そして成功への具現化を図るには、チームルールとして①時間厳守、②汚い言葉を使わないこと、③チームメイトを批判しないことをあげ、選手たちへの優先順位を①勉強、②バスケットボール、③社会貢献活動、と位置付けさせて勝敗だけに固執させていないところがすばらしく、彼の哲学を垣間見ることができ、バスケットボールというスポーツだけにとどまらず、社会で成功を目指す人々にも大いに参考になるものである。全米のバスケットボール界で今なお彼の残した記録とともにその人間性は高く、尊敬の念をもって語り継がれている偉大なコーチである。筆者はコーチングにおける指導理念を、ジョン・ウッデンの哲学をベースに、そして指導方法論はライリー・ワレスの戦術を参考にして形成している。しかしながら、大切なことは自チームの選手の資質やチーム事情、環境とロールモデルにするチーム力との差を分析、認識し、自チームに合致できるように修正して導入できるかが大切なポイントになると考える。おそらく、参考にするロールモデルをうまく組み合わせるアレンジ能力が必要であり、ミスマッチを防ぎ成功に近づけるのである。

しかしながら、今の若い日本人学生が、ジョン・ウッデンが掲げた「成功へのピラミッド」の項目を、はたしていくつくらい実生活のなかで意識したり、実践したりしているであろうかと考えると、残念ながら知識としてももち合わせている人は、少ないのではと考える次第である。筆者は、バスケットボールのコーチたちがチャンピオンを目指し、努力しているなかでぜひ、ジョン・ウッデンの哲学をコーチングの理想に掲げ、指導をされることを切に望む。この考えはまさに人間教育の根幹になるものだからである。

12 習うより慣れよ

状況判断力が勝っている人は、競争社会では有利にことが運べる。筆者の指導しているバスケットボールも狭い空間で10人のプレーヤーが入り乱れて攻防をくりかえす。オフェンス時、的確な状況判断ができる選手とそうでない選手の違いを述べたいと思う。状況判断力が勝っている選手は、味方からのパスをキャッチした時点で差が出ている。キャッチする前に、味方の選手がノーマークになっているかいないかを確認できている選手が、状況判断力が勝っている選手であり、そうでない選手はキャッチしてから味方のノーマーク選手を探そうとする選手である。また、味方からのパスをキャッチした瞬間、次のプレーを瞬時にパスするべきか、シュートをするべきか、ドリブルをするべきかを判断できる選手も状況判断力の差になってくるのである。要するにいろんなプレーをしながら、次のプレーを予測できる選手は状況判断力が勝っているといえるのである。それでは、状況判断力をつけたり、改善するにはどうすればよいのであろうか。筆者が指摘している高校までの部活動文化や指導体制のイノベーションの断行やロボット化を止めて自主性や自立心を育む戦略の構築、コーチの王様体制の改革、これらは顔色ばかり見て萎縮している選手たちが失敗を恐れず積極的にチャレンジする行動が起こせるような構造改革を行わなければ解決できない。また、年功序列体制を変え、風通しをよくするなど、選手たちに自信をもたせるような仕掛けを工夫することが、プレッシャーのかかった試合でもリラックスして余裕をもってプレーできるようになり、状況判断力の改善、構築につながると思う。要するに自信と余裕のなさが視野を狭くさせているのである。冷静さや余裕のない選手に、よい状況判断はできない。プレッシャーを楽しめるような雰囲気がチームには必要である。

選手たちには、人から教えてもらうより、実際に経験を積んだり練習を重ねたりして、体で覚えていくほうが、しっかりと身につくという自主性を芽生えさせることである。「習うより慣れよ」の精神が状況判断力の向上に役立つのである。

13 独自のチームづくり

競争相手と同じことを思考し、行動していては、ライバルには勝てないであろう。日本のスポーツ界はブランド力や伝統が重んじられる特徴がある。バスケットボール界でもそのような傾向が強く、有能なコーチが率いる発展途上のチームには関心を示さない。筆者は、今、現在は強くなくともコーチの取り組む発想や姿勢・情報・コンセプトが立派であれば必ずや近い将来、伸びてくると確信している。発展途上のチームは常に新しい発想で戦術を開発している。

そうしなければ伝統あるチームには追いつけないであろう。練習も試合も旧態依然としたことばかりを継続していては、選手もマンネリ化して進歩の速度も遅くなる。これまでの方法が最善であるという問題意識の低いコーチ、強豪チームの取り組みが全て正しい方法と考えるコーチは、どんなにがんばってもトップには立てない。今までの方法より新しいよい方法は必ずある。強豪チームがやっている方法はそのチームの選手たちの素材にあったやり方で、貴方のチームに合った方法ではないのである。コーチは常に新しい発想の取り組みでチャレンジし、貴方のチームの選手にチーム環境に合致した強化策を工夫し、努力を継続することがチームを強くする。新しいことにチャレンジすることは、失敗というリスクもついてくる。おそらく強豪チームも今の地位を築くまで、多くの失敗をくりかえしてきた。失敗は成功の基なのである。リカバリーを図るには、バスケットボールの研究が不可欠だ。選手たちは、挽回していくコーチの姿には本気度を感じ、信頼感が増すものである。ピンチをチャンスにおき換えるコーチの腕の見せどころである。

14 努力し続ける心

無名な選手が懸命に努力し、やっとレギュラーの地位を獲得して活躍する。まわりの人たちは賞賛し、もち上げる。知らない内に自分がすばらしい人物だと感じ、エゴイスティックな言動があらわれれば、勘違いがはじまっている証拠である。コーチもしかりで、弱かったチームを懸命な努力で強いチームに導き、多くの人々から評価を得られるようになると自分が今の地位についているのは当たり前だと思うようになる人が案外いるのである。筆者の経験からこのような傲慢な人は、何かコンプレックスがある人が陥りやすいと思って見ている。栄枯盛衰は世の常なのだ。成功したことがこの先も継続して続けられているのであろうか。

人格の大部分は自制心である。自制心は、自己満足を避け、誘惑に抵抗し、過去の成功は将来の成功を保証しないということを理解するために必要である。

人はいったん目標を達成すると、安易な気持ちで手を抜き、気をゆるめ、準備をろくにしなくても自動的に成功をおさめられると考える。しかし、大切なのは、頂点にたどり着いた後なのだ。それまでと同じくらいか、それまで以上に一生懸命に努力し続けるには、真の人格が必要になるとジョン・ウッデンは述べている。しかし、バスケットボールの関係者以外にも、この種の人たちはいる。とても分かりやすいし、何かもったいない気持ちになる。エディ・ジョーンズも、たとえ成功しても満足したり、驕ったりしてはいけない、成功や名声は人を酔わせると述べている。また、自分は特別な人間であるような錯覚が、その人をどんどんダメにする。成功すれば、嬉しいのは誰も同じである。しかし、その嬉しさは、すぐに捨てなければならない。またゼロに戻った気持ちで、やり直すのである。そのとき、少しでも過去の栄光に胡坐をかくような気持ちがあれば、その人は、そこから蝕まれていくにちがいない、と戒めの言葉を述べている。スポーツ界のレジェンドでもある著名なジョン・ウッデン、エディ・ジョーンズ両氏からの警鐘のメッセージは、大きなインパクトがある。

15 常にハングリー

何ごとも上には上がある。世界はとてつもなく広いものである。バスケットボールもしかり、県大会で活躍し、全国大会に出ればもっと凄いチームも選手もいる。その全国大会のチャンピオンが世界にいけばどうであろうか。国内と同じようにさらに強いチームや選手がいるのが現実である。少しぐらい、成功したからといって満足していたら、それ以上は成長しないであろう。コーチも選手も少しの成功に満足せず常にハングリー精神をもち、高い目標に向かって懸命な努力を継続しなければ「お山の大将」で終わってしまう。コーチは常に目標設定を高くおき、成功を収めれば次の段階に切り替えていく戦略のビジョンをもたなければ進歩を遂げることはできないであろう。

天理大学パワフルペンギンズがこれまで実績を培ってきた背景には、「常にハングリー」で「成功しても満足しない」という哲学があったわけだが、この考えが曖昧になってきたことが昨今の成績の低下を招いている理由である。

文化が成熟していくと、人はアグレッシブさより、ゆとりを求めるものである。成熟と同時にかつての積極性は陰りを見せ、全てがソフトになる。バスケットボールに求められる格闘技的な当たりの激しさやスピードが弱くなれば相手の思う壺になる。やはり、成功には「ハングリー精神」と「チャレンジ精神」が必要不可欠である。満足してしまえば、そこまでである。成功を収めることは絶対できないのである。

16 人脈づくり

チームが成功していくには、チームのマネージメント力、コーチの指導力、選手のパフォーマンス力の結集が必要不可欠な条件である。しかし、何ごともそれを実行するのは、コーチであれ選手であれ、人である。筆者は成功を修めるために、明確な目標をもち、それぞれの立場での小さな努力を継続し、人との出会いを大切にする人脈づくりを心がけている。いくら有能な人でも一人では限界がある。明確な目標を達成することはたやすいことではない。壁にぶつかったり、新しいことにチャレンジしたり、うまくいっていることでも改善の余地が生じてきたりする。そのようなとき、相談したりアドバイスをもらえる信頼できる仲間や尊敬できる先輩がいれば心強い味方になる。特に、若い間に目先の私利私欲に固執しないで、理想とする目標に向かい信念を貫き通していれば、必然的に信頼されるようになり成功への人脈脈づくりにつながっていくと考える。

筆者がコーチをしている天理大学は、宗教法人天理教が経営している大学である。その教えのなかに「徳を積む」という話がよく出てくる。徳を積むとは、世のため、人のために善行を行うということで、徳のなかで最も尊いのは「陰徳」とされている。陰徳とは「人に知られないようにする、善い行い」のことで、陰徳を積んだ結果が巡り巡ってわが身に返ってくるという考えである。人知れず、礼を受け取らずに、善い行いをすることが陰徳となり徳を積むことになる。慈善事業に寄付することも、人知れず、誰にも知られずにすることこそ陰徳になる。陰徳を積んでいれば、天が代わりにその善い行いをした酬いを与えて下さるというのである。筆者は、この教えを胸に陰徳に励み、物金より、よい人脈づくりに精を出し、多くの人からサポートをいただくよう心がけている。

17 情熱をもて

リクルートに関する筆者の哲学は、身の丈にあった、すなわちチームの文化や事情を考慮するスタンスが必要である。「スキルよりウィル」の視点から、多くのコーチがバスケットボールの能力や戦績（キャリア）を重視する傾向のなか、現状のスキルやキャリアはないけれど将来的に成長してくれそうな選手をピック・アップして選ぶようにしている。そしてその選手の人格が天理大学パワフルペンギンズの文化に合致できるかをセレクションの前提においている。

もう一つは、筆者のようなチームに凄い能力やキャリアをもった選手がきてくれる可能性が低いこともその理由になる。筆者のチームの選手は、取り立てた経験も浅く、能力的にも凄い選手ではない。成長して活躍できるまでは、時間も根気強さも努力も必要である。このようなスタート時点からのハンディを克服するには、素直で真面目に努力を継続する人格を兼ね備えた選手でなければ成長できない。「駄馬をサラブレッド」に変えることを夢見て指導するコーチと選手には熱い情熱が必要不可欠なのである。米国の友人ボブ・ナッシュがいつも話してくれた。「すばらしい選手がいれば、無能なコーチでも勝利を収めることはできる。しかし有能なコーチでも能力の低い選手しかいなければ勝利を収めるのは困難である。だから、選手のレベルが低いチームのコーチは能力の差を埋めるために効率的な戦術やトレーニングの開発を図る努力が重要である」と諭してくれたことが昨日のことのように思い出される。

18　崩壊は一瞬

２０１７年度シーズンは、パワフルペンギンズにとって最悪のシーズンとなり、リーグ戦では結果を残せず二部リーグに陥落してしまった。26年ぶりの不名誉な結果である。これまでの先輩たちが築き上げてきた財産をなくしてしまったわけである。筆者の指揮官としての責任も大変大きいと心よりお詫び申し上げる次第である。さて、最悪のシーズンに至った結果や経緯を分析すれば、さまざまな理由が出てくるが、それは、シーズンに入る前から解っていたことなのだ。昨年のスターター3人が抜けたのだが、その抜けた選手のポジションがバスケットボールでは要のポジションであったのである。2人のセンターが卒業し、メインガードも米国に留学していなくなった。しかし、充分その穴を補充できる選手がいたのだが、その選手たちの意識が低すぎたので代役が務まらなかったのである。彼らの努力不足、責任感の希薄さが一番の問題であった。そこで、重要なポジションに1年生3人を登用して臨んだのだが、ガードはともかくセンター陣が機能しなかったのである。特にセンター陣はポテンシャルな能力は非凡なものをもっているが、メンタルが弱かったため、長い時間は無理であった。そのような状況でもチーム全体の危機感も乏しく、何とかなるだろうという雰意気で時間が経過していったのである。100人近い大所帯でそれをまとめ上げる強いリーダーシップのある選手の不在で、チームは大企業病に陥り、これまで培ってきた文化は消滅してしまったのである。昨年までの成功体験にあぐらをかいてきたつけがやってきたのだ。組織を維持、発展するのは大変なエネルギーが必要であるが、崩壊は一瞬である。常日頃から謙虚にコツコツと地道な努力を積み重ね、先人の努力に責任をもって向き合う姿勢が求められる。しかし、自分のことしか考えない人は、ビジョンも狭くチームとして組織としては不適格な人間だと思うのである。しかしながら、選手や学生コーチのリーダーシップのなさを是正できなかった最たる責任は、監督である筆者である。次シーズンは、初心に戻り選手ともども、リスクを恐れずチャレンジする覚悟である。

19　目標は大きく

筆者は毎年シーズンはじめのミーティングでは、今シーズンの目標計画を発表するようにしているが「大風呂敷」を広げるくらい大きな目標計画を掲げるようにしている。それは日本一を目標にすることである。

日本における、男子大学バスケットボール界はレベルも実績も、東京を中心とする関東学生バスケットボール連盟所属のチームが圧倒している。過去の成績では、69回行われた大学選手権大会全てを関東学生バスケットボール連盟所属のチームが優勝を飾っている。そして日本の代表チームに選出されるメンバーのほとんどがこのブロックからの選手で構成されているのだ。まさに東京一極集中の状況であるため、将来を見越し、多くの有望高校生は東京へ進学を目指す。東京の大学チームと地方の大学チームの実力差は大きいのが現状である。しかし、筆者はたえず世界のバスケットボールのレベルを見ている。日本のなかでは凄い選手でも、世界を見渡せばそれほどの選手とは思えない選手である。現に日本の代表チームが国際試合などで残している結果や実績を見れば、どれくらいのレベルであるのかは歴然としている。筆者は東京の選手だとか日本代表選手であるとかに対して、もつイメージは、ひ弱な「お山の大将」的な捉え方しかしていない。しかしながらポテンシャルな能力や可能性に対しては、高い評価をもっている。選手間の能力差だけで、関東と地方の優劣が決まる現状に対し、戦略、戦術に磨きをかければ、下位レベルチームにもチャンスが大いにあるとして、筆者は大きな目標を掲げるようにしているのである。米国ＮＣＡＡでの過酷な競争社会から見れば、日本の大学バスケットボールの文化は、お坊ちゃんバスケットボールのレベルであると感じざるを得ない。下位レベルのチームは、戦い方を研究すれば、上位レベルチームにも十分勝利をあげる可能性はあると断言できる。

20 正しい努力

誰もが幼少の頃、話を聞いたり、読んだりした、のろまな亀があきらめないで努力し続け、ウサギを追い抜くイソップ物語の「ウサギと亀」の話を思い出してほしい。バスケットボールでも人生でも成功を収めるには、たえず向上心をもち、努力を続けていくことに尽きる。しかし、我々人間は少しうまくことが運べれば、ほっとして休みたがる怠け心をもっているのである。誰しもがんばり続けていくことはできないが、休みながらも次のことを考えることはできる。米国ＮＣＡＡのルールは、「シーズン制」を導入して、部活動のいきすぎをコントロールしている。そしてシーズン中であっても、種目にかかわらず一週間に練習できる時間の上限を

20時間までと決められ、週に一日は完全な休養日をしなくてはならないルールがある。これは学生の本分はあくまでも勉強にあるということを強調している。選手たちの健康管理と学習権を担保するためにつくられたものだが、大きな効果をあげている政策と考えられる。しかしながら、我が国のバスケットボール文化は、どうであろうか。猛練習はもとより、何よりもバスケットボールを優先させるチーム方針はさまざまな弊害を生み出している。チャンピオンになるチームはまだしも、なれなかった多くのチームは、ますます弊害のゾーンに陥っていくのである。オーバー・トレーニングによるスポーツ傷害やバーン・アウト症候群、バスケットボール優先からの勉強の遅れなどが人格形成にもよくない影響を与えている。正しい努力の在り方をコーチ、選手は学習しなければならない。規則正しい生活がよいコンディションを生むように、学生にとっては勉学と部活動の両立を図ることが、リズムある大学生活になるのである。日本版NCAAの早期のルール化が実現されることを切に望みたい。

21　疾風勁草・Go For Broke

パワフルペンギンズは2000年8月に、中国山東大学に交流試合のため初の中国遠征をおこなった。山東大学は当時、中国大学選手権で第三位の実力をもつチームであった。サイズも大きく、多くの観客は試合前のウォーミングアップで山東大学と天理大学のサイズの違いに驚き、笑いながら観戦していた。内心どうなることかと不安な気持ちになったが、選手たちはナイスディフェンスでがんばり、接戦だったが勝利をおさめることができた。中国共産党の幹部たちも大観衆も、我々の闘志あふれる戦いぶりに賞賛の拍手を送ってくれた。

終了後の学長主催のレセプションで、我々の勇猛な戦いぶりを「疾風勁草」の精神を引用して讃えてくれた。通訳の人にこの意味を聞いたところ、中国の後漢の時代から使用されている用語で、激しく速い風が吹いても風雪に耐えて折れ曲がらない草をさし、「困難な状況になったとき、はじめてその人物の真価がわかる」というたとえに使われることを知った。以来、我々パワフルペンギンズは「疾風勁草」をチームのスローガンに掲げ「部旗」にこの四文字を印し、試合会場の一角にいつも飾るようにしている。

また、筆者がたびたび訪れるハワイ大学は、第二次世界大戦の折、真珠湾攻撃で日米開戦の火ぶたが切られたホノルルにあり、ここは多くの日系人が暮らしている都市でもある。筆者は、滞在の際は今も多くの日系人の方々にお世話になっている。戦争当時、日系人二世の方々は、日米開戦勃発でスパイ容疑をかけられたり、不信感をもたれたりと大変な苦労をされた。多くの日系人二世はその疑惑を晴らさんがため、ヨーロッパ戦線に志願し、勇猛な活躍で体を張って米国のために貢献した。多くの日系人二世の犠牲者が出たが、そのかいあって彼ら日系人社会は、再び市民権を取り戻せたのである。今なお死をも恐れない戦いぶりは、語り草になっている。筆者のハワイ大学の友人であるDr.ロイド・ヒサカのお父さんもこの戦争で犠牲になった

2013年　西日本学生大会

ようで、当時の話を聞くなか、日系人４４２二世部隊は「Go For Broke」、当たって砕けろを合言葉に勇敢に戦い戦死されていったようである。この「Go For Broke」はハワイ大学バスケットボール部が試合前のミーティングでライリー・ワレスコーチが檄を飛ばすときに使っていたフレーズである。筆者は「疾風勁草」や「Go For Broke」が精神的強さをあらわす代名詞と捉えて、苦しい戦いのときは、いつも選手たちに意識させて思い出させるようにしている。

2章　文化としてのスポーツ

Chapter 2

1　スポーツ文化の価値

筆者が行ったハワイ大学スポーツ文化の調査では、アスレティックデパートメントがスポーツを通じて学生たちにスポーツ文化の価値を認識させ、将来への成長に欠かせない人格形成をはかる取り組みを行っていた。それはスポーツマンシップ精神の確立とＥＱ能力の開発をスポーツ文化プログラムの狙いに位置付けることであった。我が国の大学で、このような具体的目標をもってスポーツを奨励している大学は少ない。筆者は30年前から、大学のスポーツ文化政策をそれぞれの大学事情に合わせたものをつくらなければスポーツ文化価値や地位の進展は望めないと述べてきたが、残念ながら一向に改善されていないのが現状である。筆者は、それならば自分のチームだけでもはっきりした方向性を見出そうと取り組み現在に至っている。この取り組みや方向性がまちがっていない証が、我々の現在の評価につながっていると確信している。

筆者はバスケットボールの戦術やスキルはもちろん、スポーツ文化全般についてもハワイ大学のコンセプトを組み合わせて活用し、自分たちのオリジナリティの構築につなげてきた。

（1）「ハワイ大学スポーツ文化のプリンシプル（principle）」について

プリンシプルとは、どのような意味合いをもつものであろうか。英和辞書によると①原則、原理、②主義となっている。Dr.ロイド・ヒサカは、ハワイ大学のスポーツ文化は、一般学生対象のプログラムであれエリートスポーツ選手の部活動であれ、「他者への献身」を前提にプリンシプルの確立を、スポーツ活動の大原則として指導していると強調した。すなわち、スポーツマンシップの原則にのっとった「正々堂々」とプレーする姿勢が、ハワイ大学のスポーツ文化の精神である。熾烈な戦いのなかでもまた試合終了後においても、勝敗はともかく互いに尊重しあう行動や態度の育成が、学生たちの人間形成にははかり知れない財産になる。学生たちがそれぞれの人生においてアイデンティティーをもち、さまざまな状況や困難な人間関係に遭遇しても、「フェアネス（公正さ）」を貫く強い意志とスタンスをもつためのスポーツ文化活動でなければならないと説いている。

我が国の場合、ともすればゲーム敗戦後の行動や態度に投げやりで自暴自棄的なふるまいが見受けられることがある。しかしながら、ハワイ大学では「グッドルーザー（good loser）」の精神を、敗者の態度や行動においてもプリンシプルの大切な考えとして捉えさせている。悔しい思いは理解できるがそれはさておき、勝者である相手を称える態度や行動、相手を尊重するプリンシプルは貫かれている。スポーツにおける勝敗はとても重要ではあるが、いつも勝ち続けることは不可能である。勝つためには敗戦から学ぶことも可能だが、試合後、相手に不快な思いを抱かせればスポーツマンシップをプリンシプルの柱に位置付けているハワイ大学スポーツ文化の精神にはそぐわない。ゆえにそのような行為は行われないし、見られない。ここにハワイ大学スポーツ文化のプリンシプル、相手を尊重する、他者への献身の文化がある。ハワイ大学スポーツ文化のプリンシプルは、単にスポーツだけに止まらず、卒業後の将来においてもヒューマニズム精神をもち続け、世のため人のためになる人材育成をも教育目標に掲げている。我々も大いに見習うべきであろう。ともすれば米国の大学スポーツの一面だけを見て、プロフェッショナルチームの様相をイメージしてしまう傾向があるが、調査研究の結果から、我が国の大学よりも高い次元の教育的マネージメントがなされていることが理解できた。我が国の大学スポーツと比較するなかでは、体格、体力、スキル、近代的なトレーニング方法、合理的な戦略・戦術などのノウハウ、すなわちあらゆるスポーツ環境においてレベル差が認識された。そしてスポーツを介して、人間的資質の向上をもはかる教育面への取り組みにも充分配慮されていることなどを考えれば、そのギャップはとても大きいと思わざるを得ない。一人の人間として誠実にスポーツマンシップやルールにのっとり、裏表のない首尾一貫した姿勢をもち続けられる人材を、スポーツをモチーフにして育成を図っていることがハワイ大学スポーツ文化のプリンシプルであるといえよう。

現在ハワイ大学では2万人の学生が在籍している。そのなかで500人のエリートスポーツアスリートと1日2000人の一般学生がイントラミュラルスポーツ専用のスポーツ施設でスポーツ活動を行っている。なぜこれほどまでにハワイ大学ではスポーツに人気があるのかについてDr.ロイド・ヒサカが強調したのは、ハワイ大学アスレティックデパートメントのサービスプログラムのミッションを学生たちがよく理解し魅了されていることが、その理由であると述べた。そのミッションとは良心的な人材を育成する機関の役割を担っているということである。スポーツ文化の本質は人生そのものである。人生はいつも成功ばかりではなく、成長すれば次々と壁が立ちはだかる。いつもよいことばかりではない。ハワイ大学スポーツ文化は勝利したり成功したときは謙虚さを、破れたり失敗をしたときは潔さを忘れず常に前向きに努力する姿勢をもち続けていく精神の育成を図っている。まさに理想の姿であると思われた。このようなスポーツ文化の特徴が多くの学生を魅了し、評価につながっているのであろう。

(2)「ハワイ大学スポーツ文化のフィロソフィ(philosophy)」について

次にハワイ大学スポーツ文化のフィロソフィについてインタビューを行った。前述のプリンシプル同様ハワイ大学スポーツ文化活動では、一般学生対象のプログラムもエリートスポーツ選手対象のプログラムにおいても共通のフィロソフィの基、マネージメントが行われている。フィロソフィとは哲学である。それではハワイ大学では、どのようなフィロソフィの基、スポーツ文化活動が行われているのであろうか。

Dr.ロイド・ヒサカは、ハワイ大学のスポーツ文化のフィロソフィは二つの目的があるとしている。一つ目は、スポーツ文化の一般的な価値の追求である、気晴らしや楽しみを求めること、勝利を目指してのトレーニングやスキルの開発と練磨、体力アップや健康づくり、部活動を通じて地域社会への貢献、大学内の団結とともに母校愛の育成、広告塔として大学の知名度アップへの寄与などである。二つ目は、スポーツを媒介として学生たちの資質向上を図ることで、スポーツを通じて勇気、挑戦、忍耐力などを高め仲間と一緒になって適切に行動する能力の開発である。それはＥＱ（emotional intelligence quotient）、「感じる知性」の開発である。かつて米国のエリート校の出身者が優秀な人材にもかかわらず社会で成功できないケースがあり、それはある種の知能が欠けているのではないかという仮説からＥＱの研究がはじまったようである。

このＥＱの研究は１９８９年米国イエール大学のDr.ピーター・サロベイとニューハンプシャー大学のDr.ジョン・メイヤーによってはじめて発表された理論である。ＩＱ（intelligence quotient）が「考える知性」であるのに対し、ＥＱは「感じる知性」であるといえる。個人の仕事の処理能力がＩＱに基づくとすれば、ＥＱは集団や組織での協働や合意形成のための関係調整に役立つとされている。ＥＱは人間が社会や集団において上手にふるまうためには必要な知性である。この「感じる知性」（情動的知性）は５つの要素から成り立っている。

①自己認識

自己認識とは自分の本当の気持ちを理解し、尊重して心から納得できる決断を下す能力である。自分の感情がわかっているということで、自分ができることや人の助けが必要なとき、自分の感情の引き金となるものは何かなどを正確に把握できる知性である。具体的にはレベルの高いスポーツ選手ほど、自分自身の心の許容量が大きく、感情の高揚の限界も理解できていてさまざまなプレッシャーやピンチに遭遇しても落ち着いて対応できる。いわゆる自分自身の能力をわきまえている人間であり、スポーツの試合での多くの修羅場経験から獲得できる能力である。また、自己認識の知性能力を上げるには「人の意見を参考にする」こともアプローチの一つである。他人から見た自分の長所、短所を指摘してもらいそれぞれの意見を集約して、自分の本質を見つめられる能力である。

②自己統制

不安や怒りなどの衝動を自制し、制御する能力。自分の感情が爆発しそうになったときに抑制でき、感情があふれ出すのをコントロールする。反対意見の人と落ち着いて議論し、自己憐憫やパニックな自分を弱める行為を避けることができる知性である。自己統制能力もスポーツ活動から獲得できる要素でもある。試合前の不安、また試合がはじまり相手の対応に思うようなプレーができずイライラしがちな状況においても焦らず、感情をコントロールし、冷静沈着に普段のプレーができるように修正できる能力であり、これもタフなスポーツの試合から獲得できる要素でもある。また自己統制の知性能力を高めるには、感情のコントロールの仕方を見つけることである。感情の起伏が起こったとき、何ごとにも向上しようという気持ちを忘れず、そのエネルギーを自分自身の向上に使うという前向きな姿勢が大切である。

③ 動機づけ

目標の追求に挫折したときでも楽観を捨てず、自分自身を励ます能力である。お金や出世できるというような報酬があれば誰もが意欲をもつが、個人の喜び、好奇心、生産的であることに対する満足感のために生まれる意欲である。

スポーツの試合で相手チームにこちらの得意なプレーをスカウティングで読み取られ、普段のプレーがうまくできなくなったとき、イライラしたり、落ちこんだりする選手よりも楽観的に開き直り、逆に意欲的になってプレッシャーを楽しめるような能力をもった選手は多くの人々から賞賛され尊敬の念を抱かれるものである。具体的には試合や仕事でうまくことが運べないとき、軌道修正してよい方向へ導いて結果を残していける能力である。

④ 共感

他人の気持ちを感じ取る共感能力である。他人の感情とかかわることで、他人の気持ちを汲み取る能力や行為で、それに対して適切な反応ができることである。

共感能力は相手の立場に立って理解してあげる、他人の感情のあらわれを敏感に受け止め、それを理解することができる能力で多くの人から慕われる。スポーツ活動のさなか、ピンチに陥りうまくプレーできない選手を励まし奮い立たせ、カバーするチームワーク精神にたけた人物である。

⑤ 社会的スキル

集団のなかで調和を保ち、協力し合う社会的能力。他人に共感するだけでなく、自分と他人のニーズを交渉する能力、他人との合意点や着地点を見つけたり、他人を管理したり、説得力があることである。社会的スキルは他人の気持ちを敏感に感じ取り、あることについてその人がどう思っているかを理解したりすることから、協調性があり、人間関係をうまく処理することができ、リーダーシップの基礎能力となる。

ＥＱはスポーツ文化活動のなかでも必要なスキルでもあり、社会で活躍していくなかにおいても人間関係の潤滑剤として活用できる知性である。ＥＱ能力の高い人は多くの人々から好かれ、まわりの人々からは支持され、協力が得られものである。また、うまくことが進まない場合でも助けてもらえたりするものである。ゆえにＥＱ能力の高い人は集団や社会において成功していける確率が高まる。

ハワイ大学では学生たちのスポーツにおける文化的価値として、ＥＱ能力の獲得や向上心を重点政策に位置付けスポーツ活動を指導、実践している。ＥＱ能力の高い人物は多くの人々から好かれ、信頼される。ハワイ大学のさまざまな種目のエリートスポーツコーチがたびたび、インタビューで「チームワーク」という言葉を述べており、この辺りもＥＱ能力を重視している背景があるのではと思われる。また、Dr.ロイド・ヒサカは、ハワイの文化風土として「アロハ・スピリッツ」があり、このような文化的背景もスポーツにＥＱ能力を導入した経緯があるのではと述べている。

「アロハ」とは、ハワイ先住民であるハワイアンの言葉で、ハワイ語である。「ＡＬＯＨＡ」の文字にはそれぞれに意味があり、Ａは思いやり、Ｌは調和、Ｏは喜び、Ｈは謙虚、Ａは忍耐をあらわしている。そして五文字になると愛、誇り、叡智、歓迎、信用を意味するといわれている。「アロハスピリット」は今という瞬間に心をおき、ともに共存し経験を分かち合う喜びを相手に伝える精神である。まさに人間を尊重し人間関係をスムーズにするＥＱの知性である。このようなハワイの文化的土壌アロハスピリットもハワイ大学のスポーツ文化の特性を支えているのであろう。

スポーツは対戦する相手と熾烈な競争の場面の連続である。競争に打ち勝つためには、戦略が必要であり、勝つための工夫、すなわち効果的な戦術の開発や習得が不可欠である。具体的にはプレーのスキルやフォーメーション、卓越した体力の向上を図るとともにメンタリティの強さが求められる。しかしながら人間はいつも強靭なメンタリティを維持、集中していくのは困難であろう。安定した心の状況を持続するにはよき仲間や友人のサポートが必要である。すなわち良好な人間関係の構築である。ここにもハワイ大学スポーツ文化のフィロソフィがあり、多くのハワイ大学スポーツマンは、スポーツの価値を以上のようなＥＱ能力をベースにした強いメンタリティの醸成とともに「チームワーク」、「アロハ・スピリッツ」から支え合う人間関係の重要さを文化的価値として認識している。

筆者は、天理大学バスケットボールチームのチームづくりに、以上のハワイ大学スポーツ文化のエッセンスを約20年間指導理念として導入している。具体的にはスポーツの価値の追求もさることながら、スポーツマンシップにのっとりフェアプレーの精神でプレーし、勝利を追求するための努力や工夫を評価するとともに、試合後の対戦相手との交流を、またスポーツのミッションとして社会貢献への人材育成をも視野に入れたプリンシプルを重要視している。学生たちがそれぞれの人生において、アイデンティティーをもちさまざまな状況や困難な人間関係に遭遇しても、「フェアネス（公正さ）」を貫く強い意志とスタンスをもつことをチームのプリンシプルと位置付けている。

それからバスケットボールをプレーするなか、学生たちのＥＱ能力の開発や習得をも目指している。熾烈なバスケットボールの試合のなかではＥＱ能力に秀でた選手やチームメイトが必要になっており、その習得のためにはチームワークや強いメンタリティを育くむ教育が重要である。これまで我がチームはＥＱ能力の向上に取り組んで効果を上げてきた。このような取り

2017年 ハワイ大学にて

組みをはかったスポーツ活動の体験が、卒業後の将来においてもヒューマニズム精神をもち社会貢献できる人材育成を目標にする価値につながっていると思う。筆者が参考にしたハワイ大学のスポーツ文化は、まさに人間教育そのものである。今一度、我々はスポーツ文化の原点に立ち帰りスポーツの価値について再確認するべきであると考えている。

2
文武両道

元ラグビー日本代表ヘッドコーチのエディ・ジョーンズ氏は著書『ハードワーク』のなかで、「スポーツよりまず勉強をするべき」と述べている。日本のスポーツ界について、大きな疑問を感じるのは、スポーツをする人が勉強をしないことである。なぜ、このような傾向が風土として根付いてしまっているのか、私は理解に苦しむ。結局そのことが、日本社会におけるスポーツの価値を下げてしまっている。私は学生時代から、スポーツマンはもっと勉強をするべきだと思う。学問をおろそかにしてスポーツしかしてこなかった子供が、将来スポーツで成功しなかった場合どうするのだろう。たとえば、ラグビーでは年間30人ほどしかプロになれない。ほかの何万人もがラグビーで生計をたてることができないのである。「スポーツをする人間は、学などなくていい」。これほどスポーツやスポーツマンを侮辱した考えもないのではないだろうか。

人間の基本は、学問教育にある。学問は人生をバランスの取れたものにする。生活の管理や、人生に関する諸事全般をどのように進めていったらいいか教えてくれる。人としての基礎を固めてくれるのである。筆者も全く同感である。文武両道はかつての日本の伝統的文化であった。勉強ができるできないよりも、まず考えるという習慣が身につく。スポーツで結果を出し成長していくには、運動能力や体力だけでは成功を勝ち得ない。過酷な競争社会で生き残っていくには、自分に勝ちライバルにも勝たなければならない。順風満帆ではいかないのだ。スランプに陥ったときや、敵の戦略戦術に苦戦を強いられることはたびたび起こってくる。そのようなピンチを切り抜けるには「考える力」、知性が必要なのである。「考える力」は勉強した人に身につく。逆境を乗り越えるには、新しい発想で工夫を凝らす創造力が必要であるが、この創造力の源は学問をして考える訓練をし、知性のある人に与えられるものである。

我々天理大学バスケットボールチームのコンセプトは「ディレイゲーム」を柱にした戦い方

である。極端ない い方になるが、単純に何も考えず運動能力だけのアップテンポ型のスタイルよりは知性が求められるのである。しかし、現実は大多数のチームが野性的な運動能力中心型が多いなか、中高でも勉強をあまりしない文化で育成されてきた選手たちの将来は、推して知るべしの人生が待ち受ける。我が国の平均寿命が80歳を超えたなか、バスケットボールのプロ選手として成功を収めても35歳ぐらいまでが関の山であろう。残りの人生をいかに有意義に生き抜いていくかは、バスケットボールに限らず我が国スポーツ界の僅々の課題である。文武両道を実践してきた人は、人生の三分の一近い年数を大好きなスポーツに励み、リタイア後は一社会人としてスポーツと無縁な人とも対等に渡り合えるライフワークができる理想的な人生が送れると信じている。

筆者が長年研究の対象にしてきた米国大学スポーツ界は、NCAAによって運動部活動のいきすぎをコントロールして大学生の本分である勉学について厳格なルールを設定している。すべてのコーチは、勝利を目指すために練習に多くの時間をかけたいと考える。このコーチの心理をコントロールするためにNCAAは「シーズン制」を導入し、選手の学習権を守っている。我が国の高校でもテスト前の一週間は部活動を禁止にしている学校があると思うが、その制度はテストに集中させるために、練習疲れで準備不足に陥らない配慮のためであると思う。それが大学ではどうだろうか。高校のように特別に配慮をしている大学はあまり例を見ない。筆者は、米国の大学と同様に一貫して「シーズン制」を導入し勉強に支障が起きないように配慮している。ゆえに天理大学バスケットボール部は、日本の大学バスケットボール界で最も練習時間が少ないチームになっている。

米国NCAAでは、学業不振選手はプレーできないルールになっており、このようなケースの選手を「アカデミックレッドシャツ」と呼び、いくら優秀な選手でも試合には出場できないことになっている。極端な例だが、その選手が出場できなければチームはよい成績が上げられない、とすればコーチ自身のポジションも危うくなる場合も想定されるので、勉学のチェックは怠らないのである。オフシーズンには勉学の遅れをリカバリーさせるため、コーチのポケットマネーで家庭教師（多くは大学院生）を雇い、勉強をさせる。NCAAではコーチの犯すサスペンションのなかで「成績改ざん」が発覚して問題になるケースもときどきある。日本では、成績不振者が試合に出場できないことなどあまり例を見ないケースだと思われる。

さて逆に、体力もあり勉学においても優秀な選手は、他のスポーツ、たとえば野球、アメリカンフットボール、陸上などに参加してオフシーズンをすごす選手もいる。二つの種目のプレーを行う選手を字の通り「ツー・スポーツ・プレーヤー」、三つの種目をこなす選手を「スリー・スポーツ・プレーヤー」と呼び、多くの人々から尊敬される存在になっている。それは、スポーツ部活動をしていない一般学生でも米国大学の単位取得は困難であるのにもかかわらず、ハードなスポーツ部活動をやり、なおかつ勉学においても一切の特別扱いがないなか、単位修得をクリアーすることに対しての評価なのである。そして、オフシーズンにも違うハードな種目のスポーツ部活動に参加している姿に、多くのクラスメイトは尊敬の念と支持をもつようになっていくのである。ホームでの試合には多くのクラスメイトや友人が駆けつけ声援を送っている背景は、自分たちのヒーローを応援するためだからなのである。

日本でもかつては「文武両道」が伝統的なスポーツマンの価値として評価されていたが、昨今の学生スポーツ界では、死語になりつつある。しかし、米国スポーツ界とりわけNCAAでは、この思想が伝統的に継続して受け継がれている。日本のスポーツ界にいつも忌憚のない評論を投げかけているマーティー・キナート氏は、著書『文武両道、日本になし』のなかで、欧米の秀才アスリートと日本人アスリートとの比較を具体的な例を挙げながら解説している。「アメリカでは、ほぼ百年にわたって、スポーツで優秀な成績を残したトップクラスの大学選手に、〝オール・アメリカンズ〟の称号を与えてきた。しかし、人々の胸により深く刻まれているのは、1952年以来、ほとんどの主だった大学のスポーツ広報部長が、競技場だけでなく教室でも優秀な成績を残した学生選手に、〝アカデミック・オール・アメリカンズ〟の称号を与えてきたことだ。アメリカ中の主要な報道機関が注目するこの全米大学レベルのプログラムのほかに、〝秀才アスリート〟に捧げられる賞は、あらゆるレベルで、数限りなく存在する。地方都市、ロータリーやライオンズといった社会福祉団体、高等学校、中学校から小学校に至るまで。」と述べた上で、「しかし日本ではどうだろう。ひとつのスポーツか、ひとつの学問に身を捧げ、そのことを褒め称える奇妙な〝美徳〟があるように思う。一年のうち三百六十日、苛酷な練習や競争に汗水垂らし、うめき声をあげる柔道家や野球選手。一日も休まず登校し、学校以外で眼を開けている時間はすべて、家庭教師や、進学塾や、自宅でくる日もくる日も夜中まで勉強することに費やす学生。どうして日本には、もう少し〝バランス〟を取る余地がないのだろう。日本の教育とスポーツが互いにまったく相容れないように見えるのは、私にとってひとつの謎だ。どちらか一方はできるけれど、決して両方はできない、まして両方で最高のレベルに到達することなど到底望めない。」と述べている。大変長い引用になったが、アメリカの教育制度と連携したＮＣＡＡの文武両道の哲学が理解できる。勉強とスポーツの両立はシーズン制の導入のなか、学生の本分である勉強への取り組みについて配慮されているものなのである。

それからＮＣＡＡでは、アウェーの試合にいったとき、講義には当然出席できないのでアカデミック・アドバイザーという肩書きの先生が遠征に同行して、遠征先のホテルで各履修科目の講義を行ったり、レポートを作成させたりして欠席した講義のリカバリーを行わせる。従って日本のような公欠制度はない。この制度も、ＮＣＡＡの勉学への取り組みへの熱意が感じられる配慮や制度だと思う。欧米先進国のスポーツ環境は総じて、勉強とスポーツの両立、文武両道を実践している。我が国の歪んだスポーツ政策は、スポーツの地位向上には絶対寄与しないのである。むしろ多くの知的レベルの高い人々からは冷ややかな視点でしか見られないであろう。文部科学省も現場の先生、コーチたちもかつての日本の伝統的な文武両道の文化を取り戻せる施策をとるべきだと強く思うのである。選手たちもいつかは選手生活を終えなければならない。その後の人生、セカンドステージでは、スポーツしかできないようでは乗り切っていけないのである。

3　スポーツの文化的地位を高める

プレーをしているときは、集中してすばらしいパフォーマンスを見せ、多くの観客に感動や勇気を与え魅了させることがスポーツの価値であり、役割である。そして予想を覆して弱小チームや選手が強いチームに挑戦していくシーンやアップ・セットを遂げることができるようになれば、注目を集め高い評価を得ることができる。プレーする側も生きがいややりがいを感じ、達成感を得られる。見る側も選手たちの活躍ぶりに刺激を受け、自分たちの学業や仕事への効率化に弾みをつけられるようになる。プレーヤーにも見る側にも「ウイン・ウイン」の関係になることは理想の姿である。しかしながら、スポーツはいつも勝ち続けることは不可能である。敗退したり、挫折に陥ったとき、耐えがたきを耐え、忍び難きを忍び、再度復活をはたしていく努力やチャレンジ精神によって多くの人たちの共感を得ることができるのである。このような仕事をやってのける選手やチーム、コーチに対しては、人々は尊敬の念をもつものである。

以上、選手やチーム側と観客側の視点からスポーツの地位について述べた。しかしながら、アスリートたちをアカデミックな立場から評価したとき、はたしてスポーツの地位は高まるのであろうか。日本のアスリートの多くは勉強をしない、させられない環境で育ってきた。スポーツの高度なパフォーマンスを観客に見せ、感動を与えるミッションは、スポーツマンとして重要な行動である。その感動や勇気を与えてくれた選手が、フィールドを離れた場所での行動が、知的で人格者であればあるほど、観客やファンは尊敬の念をもって、より応援してくれるようになるのである。知的な人格者になるには、書物を読み、勉強をして知識を取り入れることでしか身につかない。スポーツマンとして活躍すればするほど、フィールド以外の場所での注目度は上がる。そのときの会話や発想の知的水準が高ければ、いろんな階層の人たちから支持されるようになり、スポーツの地位向上につながるのである。

4　伝えるということの意味

筆者の勤務する神戸学院大学は開学50周年を終えて、佐藤雅美学長の下、新しいステージに向かおうとしている。筆者は2018年3月末をもって定年退職を迎えるが31年間お世話になった。この31年間、さまざまな変化が起こり、発展してきた。開学当初は、大変な苦労を重ねられたと聞いている。筆者が赴任した当初は開学から20年を経過しようとする時期であった。

教職員数もそんなに多くなく、一致団結して成長していこうとする気風が感じられたものである。お互い助け合って、失敗を恐れずチャレンジしていこうとする精神である。失敗を恐れていては、何も生まれない。失敗しても、そこから学べばいいのである。「失敗は成功の基」なのだ。成長、発展していくことには、リスクはつきものである。失敗すれば、カバーしてあげればよいのだ。しかしながら、昨今の神戸学院大学の文化は変わってきた。開学当時からの気風は、お互い助け合って一致団結して成長していこうとする文化が、残念ながら薄れてきた感は否めない。組織が膨張し、新しい人たちが流入してくれば、組織の理念や哲学は形骸化していくのは世の常である。教員は自分の研究と講義だけをし、職員はリスクを負わないよう最低限の仕事をこなすだけの文化になってしまった。自分のことだけしか考えない視野の狭い人たちの組織に成り下がってしまったのである。人のため、学生のため、大学のため、社会への貢献などお題目は唱えるが、空念仏である。自己保身の風潮に走り出した文化は、栄えるわけはない。スポーツにおける組織論、チームマネージメントも同じである。人はうまくいくようになれば、先人が築き上げた苦労や哲学も忘れてしまいがちになるものである。リーダーはチームの方向性に陰りが見えはじめる前に、日頃からチームの歴史や伝統文化を伝え続けなければ取り返しがつかなくなるものである。守りに入った人や組織の将来性は、限界があり、発展性は望めない。

5 日本文化の負の側面

日本の組織文化に「世襲制」という文化がある。祖父が起業し、裸一貫から身を起こしてそれなりの会社を創業した例はたくさんある。新しくことを起こし、多くの苦労や困難すなわちプレッシャーを乗り越えて、会社を設立し発展させた。次の社長は二代目の息子である。彼は父親の苦労を見て育ってきたから、プレッシャーの存在も理解し、何とか会社を維持発展させることができた。三代目、孫の代である。二代目がプレッシャーをかいくぐり、発展させてきたことは、頭では理解できても実際の現場でのプレッシャーを理解できるまでの経験値が低すぎる。創業者、二代目と比べれば、厳しい世間のプレッシャーを克服できず経営がうまくいかなくなる話はよく聞く話である。プレッシャーは、それを乗り越えていけば強い人間が育まれる。スポーツの世界でもプレッシャーがなく育ってきた人間は、弱いのは当然である。筆者は、米国NCAAの過酷な競争社会に身をおいた経験から日本のバスケットボール界のひ弱さをいつも感じ、苦言を呈するのである。日本人選手のポテンシャルな能力は、以前とは比較にならないほど高くなっている。世界のトップ10ぐらいに到達する可能性は充分ある。しかし、コーチも選手も国内で強ければ、すぐ満足し世界を目指して努力を続けていく使命感も責任感の意識もとても希薄に感じられる。ハングリー精神が弱いのである。しかし、これは、彼らだけの責任ではない。筆者は日本社会の文化に起因している側面も大きいと感じている。日本は外国と比較して報酬と成果が連動していないシステムであり、失点のなさで出世が決まる文化である。多くの人は失敗しないことに全力を注ぐようになる。新しいことにチャレンジすればリスクだけ負わされて、リターンがなければ、人は力を出し切らずに「ほどほどで」、「そこそこで」のレベルで終わってしまうものである。バスケットボール界もこの体質と文化の世界である。本気で強いバスケットボール界を構築するには、外国からのコーチの招聘あるのみである。日本サッカーが成長を遂げた背景は、日本代表コーチに外国人コーチを招聘したからである。今回フリオ・ラマスコーチをバスケット日本男子代表コーチとしてアルゼンチンから招聘したことは、大変よい試みであると見ている。ひ弱な日本人選手にプレッシャーを与えて成長させてもらうことを願っている。

6　天理大学パワフルペンギンズの文化

筆者は、２０１８年3月に定年退職を迎える70歳の老人である。幼いころから「こうしろ」、「これをしてはいけない」と決めつけられるのが嫌な性格であった。何ごとも自分の判断で行動する人間であった。拘束されたり、命令されるのがとても苦手な子供であった。自由奔放な生き方を望み、よく先生や目上の人たちから注意を受けたものである。ただし、自分自身が嫌なことは、まわりの人たちに対しても決して行わなかった。日本の文化は、今も昔も年功序列で権力者が幅を利かすところがある。立場の弱い人は、威張る権力者にへつらう構造がとても嫌いである。老人になってもこの考えは変わっていない。概ね人間は誰でも自尊心をもっている。本当は権力者に対して、へつらうようなことはしたくないものである。しかしながら、気が弱い人、立場的にそうしなければいけない人、自信のない人などそれぞれそうしなければならない理由があるのである。

スポーツの世界でも、強いチームのコーチや位の高いレフリーで威張る人は大勢いる。まわりがへつらってくるので勘違いしてしまうのである。しかし、米国NCAAのディビジョン1・2のコーチやトップクラスのレフリーで威張って「鼻持ちならない」人は、今までお目にかかったことはない。筆者は「鼻持ちならない」人を見ると、側にはいかないようにしている。悪い「病原菌」が伝染されないようにするためである。筆者は、先ほど述べたように自分が嫌な思いをもったことは、決してまわりの人たちに感じさせないようにしているので、自分でいうのもおこがましいが、自信をもってそういう類のコーチでないことを宣言するのである。先ほど「病原菌」について述べたが、そういう類のコーチの選手たちも同じようなふるまいをするようになるものである。その選手の親にもなぜか、傲慢な態度の人を観客席で見かけることがある。この親にこの子ありなのである。筆者のリクルートは、この感性を重要視する。筆者のチームにも、名門高校からきた悪い病原菌をもった選手がいた。まわりのそうでない選手たちは、いい迷惑である。ただ、そのような名門高校の選手はあまりにも少ないので、まともな選手たちによって中和されていき、卒業するときには健康体になって出ていくのである。

チームのルール

バスケットボールに限らず、組織として活動し成果を上げていくには、個人の力と組織力がうまくかみ合うチームワークが必要不可欠である。組織が発展していくには、団結し、同じコンセプト、方向性をもつことが焦点を定めやすくする。それにはチームにおけるルールが必要である。ただルールはたくさんありすぎても団結する効果が上がるとは限らない。むしろシンプルでおおらかな方が、個人の自立心や判断力を育み大人としての行動が取れると考える。筆者は、選手個人の人格を尊重するコーチングが基本的なスタンスと位置付け、不必要な上下関係をなくし、明るく風通しのよさを感じられるチームを目指している。

①喫煙禁止

優秀なスポーツマンは、良好なコンディションの基でよいパフォーマンスが発揮されるものである。喫煙がそうでないことはすでに周知されているにもかかわらず、行われている実態は理解できない。喫煙の動機は一息つきたいとかほっとしたいなど、気分転換を図るために行われると推察されるが、それはメンタルの弱さを露呈しているもので、そのような苦しさやプレッシャーから逃避したいと常々考える人格ではよい選手には到底なれないと思われる理由から禁止にしている。

②単位取得

文武両道が学生スポーツの前提である。いくらバスケットボールの技術や体力、能力に優れチームの中心選手であっても、各セメスターにおける単位取得数が所定のルールに満たなければ、部活動は休止させている。ゆえに、授業優先で放課後以降から練習をはじめている。学生の本分は勉学である。ともすれば勝てばよい、上手であればＯＫと勉学の遅れに目をつぶるコーチの存在がある風潮に対して、筆者は妥協しない。我が国のスポーツ文化の地位向上には、コーチが勉学に対しての意識や価値を認識することが欠かせないスタンスであろう。

③アルバイトの制限

昨今の我が国の経済情勢から格差社会が到来し「勝ち組、負け組」と称され、経済的に困難を期す学生も見受けられる状況が以前と比べれば増えてきているのは、我がチームでも同様である。特に、天理大学は天理教が経営母体であり、海外布教を目的につくられた大学ゆえ営利を目的にせず、他大学と比較しても授業料や寮費は安い部類に入る大学として社会的にも認知されている状況である。自ずから苦学してバスケットボールと勉強を両立させようと努力している選手もいる。前述したように、我々のチームは日本でも練習時間や年間活動日数は少ない部類のチーム運営を行っている。我々は米国のNCAAルールのシーズン制にのっとって、約8か月半しかチーム活動は行っていないので、3か月半のシーズンオフにアルバイトをするよう指導している。しかしながら、なかには家庭の事情でその期間以外もアルバイトしなければならない学生も実際には存在している。そこでチームルールとして、シーズン中のアルバイトは深夜12時前には終えるよう、シーズンオフは無制限のアルバイトも可能と規定している。喫煙防止と同様、選手たちのコンディショニングを考えるなかでは重要なことであると認識しているからである。

④ **身だしなみ**

我がチームは、TPOに応じた服装をはじめとした身だしなみにもチームルールを加えている。試合や公共交通機関を利用するときは、チームジャケット、革靴の着用を義務づけている。また、茶髪の禁止や髭を伸ばさないよう、注意している。バスケットボールを通じて、人格形成を大きな狙いにしている我がチームの哲学、方針だと学生たちに理解させている。人の中味を理解してもらうには時間がかかるし、よい印象をもってもらうには外見はとても大切である。昨今の自己中心的な内向き志向の若者が増えているなか、学生時代から相手側に好感をもたれるか否かを意識させることは、気配りや察知能力の獲得にもつながる利点が芽生えるのである。

以上4点をチームのルールに掲げて学生たちには順守させている。ルールはあまり多くありすぎても焦点がぼやけてしまい、効果的な目標への到達が機能しないのである。

ごく普通の当たり前のルールだが、現実の一般学生のなかには真逆の行動をとる学生も多々見受けられ、影響を受ける選手も出てくる可能性はある。しかし、このルール以外は全て学生たちの自己判断にゆだね、社会人として大人として彼らを尊重して指導に当たっている。しかし、現実は厳しい状況もある。それは、高校時代優秀なキャリアをもった選手ほど、問題点が多々見られる傾向がある。高校時代強豪校で活躍した選手は、スキル、体力、経験はすばらしい要素をもち合わせているが、コーチからロボット扱いで選手生活を送ってきた文化性をもち、指示されなければ自分で考え、判断し、行動することができない選手が多くなっている傾向には驚きを隠せない。大学生にもなって子供のような精神性をもった選手を成長させていくのは、容易なことではない。このような選手は、バスケットボールはもちろん、その後の人生で成功を収めていけるかはなはだ疑問に思う昨今である。よい素質をもちながら成長できず、伸び悩む選手は幼い子供の心から脱却できない選手たちである。バスケットボールの勝敗はコーチとしてとても重要だが、人格形成も大きな仕事であると考えている。このような選手たちをバスケットボール選手としても人間としても成長させていく方法は、高校時代と同様に専制君主的な指導の仕方でロボット化を図るか、一人の人間として接して指導をしていくかのどちらかしかなく、筆者は後者の選手の人権を尊重する大人として接する指導方法を行っている。しかし

2010年 西日本大会

この指導方法には時間がかかる。すぐに結果を出すには、前者のロボット化方式が早いと考える。チームを取り巻く環境が、結果優先か人格形成にも猶予をもっているかにもよるのである。また、ロボット化方式で指導しているコーチたちは、選手たちやその父兄たちから腫物でも触るくらい気を使ってもらい、それに満足しているのではないかと思われる者も多々いるのである。概ねこの種のコーチは、上から目線で傲慢な人が多いと考えられる。このようなチームは選手間の上下関係も厳しく、上級生の権力は高く下の学年にいくほど「奴隷」のごとく何も考えず、いわれる儘の行動を余儀なくさせられる選手生活に陥るパターンになるものである。バスケットボールは上手であるが、人間的には多くの人たちから尊敬されるとはいい難い人間を輩出することになると思われる。

この点は、米国の大学生やコーチの意識、行動の大きな違いだとはっきり断言できるところである。何よりも自由さのなかでも、好きなバスケットボールを楽しみ、勝利を目指し、チームメイトとも信頼し合うなか、厳しい練習にも耐え、工夫や努力を行い試練を克服していくことがスポーツの価値であると考えている。このような文化性をもったチームは明るく、多くのファンや賛同者を生み出しチーム力は上昇していくものである。

3章　勝つために

Chapter 3

1　戦略をどう立てるか

米沢藩主上杉鷹山は、家臣に「成せばなる、為さねばならぬ何ごとも、成らぬは人の為さぬなりけり」と説き、どのような困難でも強い意志や執念をもってことにあたれば、必ず成就するということで、やる気の大切さを説いた有名な一説である。成功というチームの目的を達成するための準備や計画を総合的に発展させ、「人、もの、金、情報」などの諸力を、効果的に運用するための方策を筆者は戦略と考えている。しかしながら、筆者のチームは「もの、金」はない。「人、情報」を効果的に配置、活用して「もの、金」の不足を補っている。「ないものねだり」しても前には進めない。教育で人材を育て、さまざまな情報を取ってライバルチームと違ったオリジナリティな戦略を構築するようにしている。これが筆者のプライドである。「もの、金」も大切であるが、戦力になる人材開発は、知恵を絞り、思考すれば充分可能である。小規模で財源不足の組織には、優秀な人材開発とその養成しか対抗できる術はない。リーダーは、将来を見越した人への投資に舵を切るべきである。

2 戦略を徹底的に練る

筆者の指導している天理大学は、地方出身の学生が多いのが特徴である。学生たちのキャラクターは、概ね真面目で実直、バスケットボールのキャリアはそう高くはなく、全国大会に出場しても1、2回戦、そのほかは九州大会などのブロック大会に出場するくらいのレベルの学生たちである。しかし、体格はそれほど大きくはないが、バスケットボールのポテンシャルは高いものをもっていて、経験を積めば将来的には成長が期待できそうな素質のもち主たちである。2016年度から大学寮をバスケットボール部で優先的に入れてもらえるようになり、規則正しい生活習慣とバランスのとれた食事面のケアが取れるようになった。大学当局のご配慮に感謝している次第である。さて、戦略的にチーム強化を図る方策として取り組んでいることは、春合宿を鹿児島県川内市で行い、夏合宿は中国山東省の山東大学で行っている。

春の鹿児島県川内市の合宿では、入学前の新入生と上級生が親睦を深める狙いもあり、16年間川内高校の田中監督以下多くの方々のお世話で10日間強化練習を行っている。春とはいえ、地元天理市はまだまだ気温が低く、南国鹿児島県の暖かさは怪我の予防にも効果がある。宿泊施設は温泉旅館なので、練習後の温泉は、リラックスと疲れを癒す効果で好評である。また、鹿児島県の食事が美味しく、選手たちには、春合宿がチームの結束力を高めるよい機会になっ

2016年　中国合宿にて

ている。新しい戦術としてのシステムの紹介や基本的なディフェンス力向上のドリルを中心に練習メニューを組み立てる。

夏の山東大学への強化合宿も10日間滞在し、連日、午前中は我々だけのチーム練習を行い、午後は山東大学や他大学との練習試合を行う。この中国山東大学との交流プログラムも15年間継続しており、両校の学生間交流もバスケットボールだけにとどまらず良好な関係を築いている。筆者の戦略的な狙いは、体格、体力の勝っている中国チームと練習や試合を通じてフィジカル面の刺激を体験できることである。どのチームにも2メートル以上の選手は3人くらいはいるからである。それから、食事、宿舎、トイレ、シャワールーム、どれをとってもまだまだ日本の方が文化的レベルは高いなか、その違いに戸惑わず、アジャストしていく逞しさを身につけてもらいたいのも狙いの一つである。異文化を体験することにより、日本のよさ、改善するべきことの発見、親の有難さを気づいてくれればと願うばかりである。異文化を体験すれば忍耐力や寛容の精神のレベルは上がる。いつも感じることは学生が一皮むけて大人になったということである。このあたりの経験を積むことも我々パワフルペンギンズの戦略なのである。

3 目標設定

コーチ リック・ピッチーノ氏は「成功者に共通する特徴」のなかで、「ＰＨＤの精神をもっていること」について述べている。ＰＨＤとは「Poor」「hungry」「driven」の頭文字である。「poor」とは、「知識欲に飢えていて勉強熱心」という意味である。「hungry」とは、「絶対に成功するというハングリー精神をもっている」ということで、平凡な業績では満足しない人のことを指す。「driven」とは、「野心的な目標を掲げ、猛烈な勢いでそれを追求する」という意味合いである。

彼は「ＰＨＤの精神をもっている人は、常に好奇心が旺盛で、楽観主義を貫き、並はずれた集中力を発揮します。」と成功するコーチのねばり強いメンタル面の必要性に言及している。筆者は、ジョン・ウッデン／リック・ピッチーノの哲学に深く共鳴し刺激を受け、自分自身のコーチングのエッセンスにしている。やはり、コーチが自分自身のポリシーを確立するためにも、理想的なロールモデルを見つけ参考にしていくことも重要なことではないであろうか。

また、エディ・ジョーンズ氏は元日本ラグビー代表チームのヘッドコーチを務め、弱小チームであった日本ラグビーを世界のトップ10に導いた名コーチであるが、彼の哲学も結果を出そうと前向きに考えているコーチの皆さんにはとても参考になる考え方である。著書『ハードワーク、勝つためのマインド・セッティング』のなかで、目標は不可能そうなほど大きなものがよいと述べている。何ごとも大きな成功を望むとき、絶対にしなければならないことは「明確な目標を設定すること」とし、その目標は漠然としたものや、抽象的なものではなく数字などで具体的に表現され、結果が出たとき達成できたかどうか、はっきり分かるものでなければならない。明確な目標は必ず強いイメージを伴う。どのような人にも力は眠っているのである。その力は放っておくと、それきりである。この力を呼び覚まさなければならない。明確な目標を掲げ、それを達成したときのイメージをもつことはそれを行ってくれる。自分の成功をイメージすると、誰もが晴れやかな気持ちになり、その気持ちが熱意と情熱を生むと述べている。

筆者もエディ・ジョーンズ氏ほどのスケールではないが、基本的には同じ考えで常に選手たちに対し、意識づけをしている。しかし、劣等感が染みついている選手たちと日本代表の選手たちとはモチベーションの違いも歴然としており、並大抵にはいかないがコーチの情熱や強いリーダーシップで選手個人もチームをも劇的に変えていける可能性は、どのようなレベルにおいてもある。皆さんのチームとラグビー日本代表チームとのチーム環境やチーム事情は「月とスッポン」ほどの違いがあるのだろう。筆者が指導している天理大学は学生数３０００人、筆者を含めコーチは全て無給のボランティアコーチである。練習時間も時間制限があり、それに部員数は約１００人と多く、練習環境はよくない。学生数２万人を超える総合大学と比べればさまざまなハンディはある。でも、ないものねだりして不平不満をいってもはじまらない。与えられた環境のなか、イノベーションを断行し、合理的な部活動を行うためにはどのようなマネージメントが必要か、結果を追求しながらも試合に出場できない選手たちのモチベーション維持を図るために苦悩する毎日である。トップチームがよい結果を出すことができれば、チームは団結できる。ゆえにスマートなコーチは、やり繰り上手で選手たちの眠っている可能性を引き出し、夢をただの夢から本当の正夢にさせ、結果を出す人である。明確な目標は、数字だけでなくイメージを引き起こし、眠っている可能性を引き出す効果も与えてくれる。このような相乗効果を呼び起こし、チームにエネルギーを与え、夢を実現させることもコーチのミッションの一つであると考える。

4　短所を長所に変える

米国ＮＣＡＡでは、大学の規模によって対戦するグループ分けをして、戦う条件を平等にするルールを設けている。スポーツにも民主主義の精神が生かされているのである。しかしながら、日本ではそのような哲学はない。必然的に大規模校が全てにおいて有利であり、選手が集まりやすい大都会に強豪校は集中する。大学男子バスケットボールの世界では過去69回の大学選手権大会で、全て東京の大学が優勝をはたしている。筆者の指導する天理大学は小規模校でさしずめ米国ではＮＡＩＡのカテゴリーに属し、総合大学とは同じ土俵では対戦することすら許されないチームなのである。このハンディをもつ商店の如き零細企業チームが、大企業のような総合大学に打ち勝つことは至難の業である。リクルート、トレーニング施設、強化費、フルタイムのコーチ等々大規模大学が全てにおいて勝っている。しかし、ないものねだりや愚痴をいってもはじまらない。やるしかないのである。対抗し、結果を出すには他のチームと違う戦略や戦術としての戦い方を開発しなければ、勝負にならない。そこで天理大学はオリジナルな戦術を開発してやってきたのである。その戦術は我慢強くスローテンポなオフェンスと、堅固なディフェンスを展開するスタイルである。しかし、このスタイルは、我慢強さが求められる戦術、戦法である。天理大学には九州をはじめとする地方出身者が多く入部してくる。彼らは地方の泥臭さと真面目な性格のもち主である。筆者は彼らのキャラクターを活用するには、ディレイゲームが最適であることに気づき、これまで一貫してこのスタイルを続けているのである。このようなスタイルは、精神的な強さが求められる。バスケットボールに限らず何ごとにおいても精神的な強さは、困難な状況下になればなるほど重要である。スキルも体力もキャリアも劣る我がチームには、真面目に粘り強く努力する精神的な強さがなければ、太刀打ちできない。

5　チーム力の分析と評価

コーチはチームという組織を目標達成に近づけるために、日々の練習や試合での状況について分析、評価をしなければ目標達成への道のりがどのようなレベルにあるのか、わからなくなるものである。リーダーは常に先を見通す眼力が求められる。それには客観的な情報と信頼できるアシスタント・コーチの助言が必要である。練習や試合の分析などを情報として、アシスタント・コーチとディスカッションし、チームの現状で改善するべきこと、現状のままを引き続いて行うべきこと柄や新しく取り組むべき課題などについて検証をするスタンスは組織の活性化につながる。この反省や評価は次に活かすためのものである。人間は日々の雑事に忙殺され、当初の目標をつい見失う危険性もはらんでいるものである。それを避けるためにも当初の目標を部室や練習場所の壁などにスローガンとして張り出すのも妙案だと思う。筆者が多大な影響を受けたハワイ大学のヘッドコーチ　ライリー・ワレスのオフィスやミーティングルームには、目標や習慣化を図ろうとするスローガンがたくさん掲示されていたことを思い出す。

6 スケジュールは柔軟に

目標が決定すれば、その目標に近づけるためのスケジュール調整が必要になる。プロフェッショナルチームと違い、大学生の場合は勉強との兼ね合いがあるのでそれぞれの大学の学年暦、行事に沿って目標達成のためのスケジュール調整を考慮するのである。ただしスケジュールの大きな柱は、授業がない春季、夏季、冬季などに行われる強化合宿や海外遠征などのスケジュール調整である。強化合宿や海外遠征などは、まとまった費用も必要なので早めにスケジュール表を作成して、父兄や選手たちに情報をリリースし、準備をさせる配慮が求められる。日頃の授業期間の練習は、放課後に行うことが決まっているので、練習開始時間、練習場所など変更があるかないかについても連絡を密に取れる仕組みづくりが、組織のマネージメント力を向上させる。ただ、目標達成のため、合理的なスケジュール変更も柔軟に対処できる決断力も必要であろう。目標達成にはリーダーと部下の間に「報・連・相」のコミュニケーション不足をケアするツールが必要なのである。

7　100%の努力

米国のNCAAディビジョン1・2のバスケットボール部の練習を見て感じるのは、日本の大学トップクラスの練習との比較では、米国のチームの方が全力でプレーしていることである。1チームの部員数がウォーク・オン・リスト・プレーヤーを含めても14人が最大のプレーヤーの人数である。それにヘッドコーチ1人、アシスタント・コーチ3人、アスレティック・トレーナー1人が練習コートに張りついて檄を飛ばし指導にあたるのである。選手たちがセーブしながら練習に取り組んでいる様子は、今までお目にかかったことはない。全ての競技種目にシーズン制がある米国では、バスケットボールのシーズンに突入以降、ファン、ブースタークラブ、報道関係者は今シーズンのチーム力を知りたいがため、練習見学にくるのである。さしずめ、日本のプロ野球春季キャンプに多くのファンが見学に訪れるようなものである。選手たちは、注目されるなかでの練習ゆえ張り切って全力でプレーをする。シーズン制をとっているため、早く練習がしたいという欲求がモチベーション・アップにつながり、一生懸命努力する行動に拍車をかけている。シーズン制は、選手たちを含めて「メリハリ」効果を生みだしているのだ。オーバー・トレーニングで燃え尽き症候群に陥ることなど考えられない。トレーニングは、100%の全力で行う効果が、筋力、心肺機能の向上につながることはスポーツ科学で実証されている。コーチング・スタッフは、トレーニング、栄養摂取、休養をバランスよく与えることで、選手たちのコンディションの管理と本番で最高のパフォーマンスが発揮されるように準備を怠らない。一生懸命な努力は、身体能力の向上だけではなく、精神面の強化にもつながる。厳しいトレーニングを乗り越えた努力は、選手に自信を芽生えさせる。この獲得した自信や経験は将来の「山あり谷あり」の人生に粘り強い精神力の宝物として生涯残るものである。

8 審判を味方につける

実際の試合中レフリーに対して不満を述べるコーチは、とても多い。いわゆるプレッシャーを与えて有利にもっていきたい意図が見え隠れする。筆者はそのような姑息な手段は使わない。レフリーの性格によって試合の流れが壊されてしまうのを恐れるからである。気が強いレフリーは、感情的になって逆の判定をしたり、気の弱いレフリーは自信を失い客観的な判断を失ってしまうのである。どちらにせよゲーム・コントロールができなくなり、一生懸命努力して準備してきたことが水の泡になってしまうことを恐れるから不満を述べないのである。筆者は未熟なレフリーにあたれば運が悪かったと開き直るようにして、我慢して戦うようにしている。選手にもこの考え方を、重々話して不満を述べたり、不服そうな態度をしないように指導している。我慢してプレーするレフリー対策は、対戦相手以上に厄介な存在である。筆者は、米国のレフリーのレベルも見てきている。レフリーは、あくまでも主役ではないのである。主役は、選手なのだ。このスタンスを理解しているレフリーは、どれだけいるかはなはだ疑問に感じる。日本のバスケットボールのレベルを停滞させているのは、レフリーの質が低すぎることである。レフリーもバスケットボールのスキルや戦術について、もっともっと勉強し、多くの知識を身につけなければ対応できない。筆者は、コーチや選手たちに一貫して、謙虚さや強い精神でチャレンジしていくべきであることを強調してきた。もちろん、人格的にもすばらしいレフリーもいるが、公平感をもって、すばらしい試合になるようなお手伝いをしようという姿勢をどれだけのレフリーがもっているのだろうか。自分よりずっと若い選手の言動に惑わされ、冷静さを失い、感情的になってしまう未熟な人が多すぎる。だから、筆者は何もいわないようにしているのである。

9 情報とデータ

筆者が指導している日本の大学バスケットボールの世界では、フルタイムのコーチ業務だけで生活ができれば理想の姿であろう。もちろん、強豪大学や潤沢な強化費を予算化されているチームも最近では増えてきているようである。しかし多くの大学では、筆者を含め、大学職員、大学教員、自営業、さらにはサラリーマンを続けながらOBなどが、おそらく薄給やボランティアでコーチを務めているのではないかと推測される。しかし、どのような待遇やポジションであってもコーチは結果を求められる。よい結果を出すにはさまざまな対策や準備が必要になる。準備をするには、情報とデータが必要になる。筆者は学生コーチやマネージャーに対戦相手の直近の試合と過去の試合のビデオテープを集める作業を精力的にやってもらい、アシスタント・コーチがそのテープから映像分析をするのである。映像分析の狙いは、相手チームのポイント・ゲッターの特徴を掴むことである。アウト・サイドシューターであれば、決めたときのシーン、落としたときのシーンを知り、どのようなシュートを打たせれば落ちるのかを確認する。また、打てば入る高確率の選手には打たせない、もたせない守り方を指示する。シューターが入りだす前、乗ってくる前にどのように止めるかが大切である。シューターがボールをリリースする3秒前、シュート後3秒の動作を見ることも相手の特徴を知ることにつながる。それから強力なインサイドでのポストマンには、もたれるまでをがんばって、ペイントより外に押し出すようにフル・フロントで密着して、両手を上げて壁をつくる「ウォール・アップ」をしつこくさせている。そうすれば、相手側は、嫌な気持ちになり、ストレスを感じながらプレーをするようになり、冷静さを失うのである。相手を困らせることができれば成功である。また、チームの攻撃パターンのハーフコート・オフェンスやエンド、サイドからのアウト・オブ・バウンド・プレーの映像分析も対策として取り出してもらうことも準備になる。この作業が最も大切だと位置付けている。今や世界のスポーツ界はテクノロジーを使ったデータ分析が主流となっている。財源のない我々には、以上のような手作業で、情報とデータを収集し、確かな客観的判断力をもてるようにしているのである。

10　コンディショニング

コーチも選手も厳しい競争に打ち勝っていくには、まず健康でなければならない。人は状態がよければ、適格な判断やアイディアも湧き、選手としてもよいパフォーマンスが示せる。よい状態は、規則正しい生活習慣から生まれるのだ。健康の維持増進は、栄養と運動、睡眠をバランスよくとることである。筆者の哲学は、よい仕事をするにはコーチであれ、選手であれよい状態でなければ長く継続してよい仕事をこなすことはできないという考えを指導の基本にしている。コーチの指導下にある選手たちは、コーチの本気度やふるまいをたえず注視している。ゆえにコーチも健康でエネルギッシュでなければ、模範にならないのである。筆者は、常日頃から規則正しい生活習慣をするように伝えるが、なかなか徹底できない。ロボット化に犯されている一人暮らしの意志の弱い人間には、合宿所や寮が必要と考える。バランスのよい食事、規則正しい睡眠は選手のパフォーマンス力向上には欠かせないからである。

「6　天理大学パワフルペンギンズの文化」のところで、チームのルールとして「喫煙禁止」、

「単位取得」、「アルバイトの制限」、「身だしなみ」など四点のチームにおけるプリンシプルを紹介した。これも選手たちのコンディショニングを考えてのルール化である。また、大学生における最も重要な勉学への取り組みを集中させるねらいでもある。米国NCAAでは、一週間に一回大学側に尿検査を実施させ、薬物使用などについてのチェックを行い健康管理に目を光らせている。すなわち選手として、学生としての立ち位置について指導を行いコンディショニング調整を行っているところは、すばらしく、我が国のスポーツ界も早急に導入すべきであろう。

11 ウェート・トレーニング

スポーツにおけるトレーニングの方法は、スポーツ科学の研究成果から目を見張る発達を遂げている。特にウェート・トレーニングは、筋力や筋持久力アップをもたらし、パワー、すなわち瞬発力を強化する効果をもたらす。体を頑強にするだけでなく、怪我の予防や防止にもつながるので積極的に取り組むべきトレーニングである。激しいコンタクト・プレーが必要不可欠なバスケットボールでは、今後ますますウェート・トレーニングの価値、必要性は高くなる。自分の体が強くなり、大きくなれば嬉しいもので自信にもなる。必然的にコンタクト・プレーが強くなるので、今までのオフェンス、ディフェンスにも磨きがかかる。日本のコーチ、選手はウェート・トレーニングがチーム、選手の成長には欠かせないトレーニングになっていることの認識をもっともっと知り、導入をはからなければならない。もちろん、すでに導入しているチームも多くは見受けられるようになったが、まだまだ遅れている状況である。

ただし、ウェート・トレーニングの運用については、負荷のかけすぎから柔軟性や敏捷性が低下して、実際のパフォーマンス力を落とすリスクもあることを忘れてはいけない。最近の米国バスケットボール界では過度なウェート・トレーニングのリスクを考え、ウェート・ビルダー選手をつくるのでなく、バスケットボール選手としての成長のためだけに行うことを意識するべきであるとする考えが主流を占めるようになっている。

12 スカウティング

筆者は、スポーツであれビジネスであれ競争する相手の特徴を知ることは、ライバルに勝利を収めるには最も重要であると考える。筆者は対戦チームが決まると何よりも相手チームの試合のビデオを収集することを最優先する。実際にマネージャーが相手チームの試合に出かけていき、ビデオカメラで収録する。遠方のときは、友人や知人にお願いして送ってもらうこともある。何らかの形で手に入れたビデオテープでスカウティング担当の学生コーチに戦力分析をしてもらうのだ。それからスカウティング・レポートを作成して、相手チームの戦力や特徴をコーチは共有する。アシスタント・コーチは、チームにスカウティング・チームをつくり相手チームが行う全てのシチュエーション・プレーを教えこむ。アウト・オブ・バウンド・プレー、ハーフコート・オフェンス、ファーストブレークなどの攻撃方法、また、相手チームが仕掛けてくるプレス・ディフェンス、ゾーン・ディフェンスなどのディフェンスの特徴についてもマスターしてもらう。いわゆる「仮想チーム」をつくるのである。その後は、実際に試合に出るレギュラー選手と対戦させ、徐々に慣れさせて対応できるように準備を進める。試合に出場するメンバーも準備を開始した当初は、たびたび、相手チームの戦術に攻略されるが、くりかえし練習するなか、体でも頭でも覚えるようになり、対応力が増すようになるのである。

筆者の考えは、競争するライバルに打ち勝つ最大の対策は「スカウティング」という準備であると考える。孫子の兵法「敵をしり、己を知れば、百戦危うからず」はまさにスカウティングを指すものである。

2013年度 リーグ戦　優勝

13 オリジナリティ

ライバルチームと同じことをやっていてはチーム環境に恵まれていたり戦力が勝っているチームが勝利を収める確率は高い。多くのコーチは強いチームがもっているさまざまな物理的な強化策をもち合わせてはいない。恵まれた環境のチームを羨んだり愚痴をいっても仕方がない。いかにしてそのハンディキャップを克服していくかを考えるべきである。恵まれたチーム環境とはどのようなことを指すのであろうか。筆者は多くのチーム事情を観察してきた。それは、専用の空調システムが完備された体育館、お湯の出るシャワールーム、ビデオ鑑賞ができるミーティングルーム、フルタイムスタッフの雇用、一定のリクルート枠の確保と無償の奨学金制度、合宿や遠征に充当できる強化資金の予算化などがチーム強化において恵まれた環境を維持しているチーム事情である。このような恵まれた環境のチームは多くはない現状であるが、イコール強豪校になる構造になっており、戦う前から優劣は決まっている構造は、スポーツにおける「フェアプレー精神」の公平性や平等性の原則には合致していないのである。

筆者がロールモデルにしている米国ＮＣＡＡでは、公平性や平等性の原則は頑なに守られている。バスケットボールというスポーツにおいても民主主義の理念は浸透しており、チーム強化におけるさまざまな条件やルールは決められ、各チームはそれを順守し強化に励んでいる。

もし、NCAAルールを逸脱すればペナルティーを科せられ出場停止やコーチの解雇に至るケースもあるのだ。筆者は35年前から、本当に日本の大学バスケットボールの発展を思考するならば米国NCAAに学ぶべきであると指摘してきたが、既得権益をもつ強豪校は耳を貸さず、現在に至り国際レベルでの成績は飛躍できないまま現状が続いている。そんななか平成29年3月、文部科学省は大学スポーツの振興に関する検討会議の最終とりまとめを発表した。そこには「大学スポーツの価値の向上に向けて」と題し、日本版NCAAの在り方について検討がなされ、大学、学生連盟を中心とした、スポーツ団体、民間企業等の関係者と連携して、「産学官連携協議会」を設置し、平成30年度中に日本版NCAAの創設を目指すものとされている。ここにきてようやく動き出そうとする状況を見る中、喜ばしい心情とともに我が国大学スポーツ文化の閉鎖性をあらためて感じさせられる思いである。

話を現実のレベルに戻そう。恵まれた強化環境を維持しているチームはさておき、多くのチームはそうでない環境のなか、奮闘努力されていると推察する。ないものねだりせず、それぞれのチーム事情に合わせた強化策を考案し、自チームの特徴を見出していくステップが必要である。恵まれた環境での強豪校とは、選手の素材も条件も大きく違う。筆者がたびたび例にあげる話は、チームを「車」にたとえ、強豪校は3000ccのエンジンを搭載しており、恵まれない環境のチームは550ccの軽自動車であるというものだ。直線を走り回っていると軽自動車はオーバーヒートして故障する可能性がある。なかには例外はあると思うが、連戦になると疲れる度合いも高くなる。大きな強豪校に対抗し、勝利を獲得するには、相手と違う戦術をもたなければならないであろう。それがチームのオリジナリティなのだ。反対に軽自動車のエンジンにもかかわらず、果敢に強豪校に挑むコーチがいる。筆者がこのようなコーチの心情はとても理解できる。筆者も駆け出しのコーチ時代そのような指導を行った経緯があるからだ。約45年前の和歌山県の田辺高校時代の筆者はまさに「太平洋戦争時代の指揮官」であった。とき折このときのメンバーと食事会などで会う機会があるが、挨拶では半分冗談で「戦犯コーチ」で申しわけなかったと謝ることがある。どうか皆さんは、「戦犯コーチ」にはならないようコーチングの研鑽を積み努力していただきたいと念じる。

米国のコーチ仲間が話す内容に興味深いものがあり、それはいくら有能なコーチであっても選手の能力が低ければ勝てない。逆に無能なコーチであっても選手の能力が高ければ勝つことができる、ゆえに強化環境や選手の能力が低いチームのコーチは研鑽を積み「オリジナリティ」ある戦略、戦術を開発しなければ対抗できない。誰だって強豪校ではあるものの無能コーチのように単純に「いけ」、「がんばれ」だけいって勝利したいであろう。筆者の米国の友人コーチは、日本の試合を観戦した後、揃って告げることは「ノーコーチ」でどうしてもっとアドバイスをして、チーム、選手を助けないのか、と質問してくる。タイムアウト、ハーフタイム、各ピリオド間の時間に極端にいえば「ただ休憩」だけをさせて、選手の自主性を尊重しているつもりでしか考えられないコーチや怒ってばかりのコーチを指しているケースで、まさに「有能、無能コーチ」の話にいきつくわけである。

筆者のキャリアにおいて指導してきたチームは概ね「よくない強化環境」と「平均すれば能力の低い選手」のチームであった。このようななかでアベレージ以上の結果を維持できてきたのは、ハワイ大学でのコーチ経験と研鑽のおかげであると思う。ご承知のように米国ではニューヨークを中心とした東部、ロサンジェルスを中心とした西部地域にバスケットボールの強豪チームがひしめき合っている。そのような地域と小さな島のハワイ大学とを比較すれば「リクルート」だけをとってもハンディはあるのだ。そのハンディを乗り越えて結果を出すためには、ハワイ大学独自の強化方法が開発され改善されていたのである。筆者は、ハンディがあっても工夫や努力次第でその差を克服できる術や勇気を学んだのである。すなわち、550ccが3000ccの車にオーバーヒートせずに勝利する「オリジナリティ」なバスケットボールの開発である。それは、攻撃回数を少なくした「ディレイゲーム」の実践であった。この「ディレイゲーム」の基本的な哲学は、我慢強く敵の「挑発」にも惑わされることなく「粛々」と自分たちのスローテンポな戦い方を貫き通すことが求められる。筆者のチームの選手たちは、地方出身の真面目な性格の選手が多く、キャリア的にも能力的にも凄い選手はいないのである。派手さはないが、とにかく真面目にあきらめず我慢強く取り組む選手たちにはこの戦術がフィットしたのである。日本のほとんどのチームがアップテンポなスタイルを実践している現状のなか、まさに「真逆」のスタイルになるわけである。

この「ディレイゲーム」の象徴的な試合は、古い話になるが今から20年前の１９９７年の第50回のインカレで6位に入賞したときの天理大学対愛知学泉大学戦であった。まだショットクロックが30秒で今の24秒ルールでない時代であったが、最終スコアーは39対35、しかも延長戦の試合だった。このスコアーを見ればいかにゲーム・コントロールに優れ、ディレイゲームに徹底していたかは理解されると思う。筆者の長いコーチ経験のなかでも思い出深い試合の一つである。いくつかの強豪チームを弱小天理大学が破るアップ・セットを演じてくるなか、ライバルチームは、いつしか「ディレイゲームの天理大学」を意識するようになっている。

このようにライバルチームと違う戦術、戦略をもつことが、特に恵まれない環境のチームが勝利を目指すためには必要不可欠であると断言できる。すなわちオリジナリティをもつことである。結果を出そうと考えるコーチは自分のチームの環境や選手の素質を考え、どのようなスタイルが適しているかを分析し方向づけられるかが大切である。結果を出せない悩めるコーチの多くは、強豪チームの全てを模倣し自チームに取り入れ指導しているがミスマッチを起こすことが多く、自チームの選手の素材やレベルを見極める能力も結果の出せるコーチには必要である。

「ディレイゲーム」はただ攻撃回数をコントロールするだけでは成功しない。同時にディフェンスも堅守で、相手のファーストブレークに対しても帰陣を早くすることが求められる。オフェンス力と比較すれば、ディフェンス力や帰陣は能力より意欲が高ければある程度までは上達できるので、選手の素材に合わせて「ディレイゲーム」に取り組むのも結果を出すには一つの方法だと考える。

14 新しい戦術の開発

ライバルチームもこちらが対策として準備する戦術については、「スカウティング」を当然行ってくる。相手チームに打ち勝つには、新しい戦術の開発は必要不可欠な対策になる。それには、知識として多くの戦術を収集し、日頃からストックしておく必要がある。コーチは新しい戦術の開発において、その戦術がはたして自分のチームの戦力に適合できるかを見極める能力ももち合わせていなければ、いくらすばらしい戦術も「絵に書いた餅」になる可能性がある。筆者は、収集した情報としての戦術をいかに組み合わせてアレンジできるかが、新しい戦術の開発には大切であり、有能なコーチはその判断能力をもち合わせていると考える。有能なコーチは休まないで、ほっとしないで、前向きに新しい戦術の開発に励むものである。世界のバスケットボール界の流れや情報を集めバスケットボール研究や研鑽に積極的に取り組まなければ、おいてきぼりになる。

今シーズン2017-18年の米国NCAA大学バスケットボール界は、ショット・クロックを30秒に変更した。筆者が30年前ハワイ大学に在籍していた当時はショット・クロックが45

秒であった。国際ルールは当時30秒のショット・クロックであったが、かたくなにそれを守っていた背景は、ハーフコートオフェンスをきっちりとプレーすることが米国バスケットボール文化の原点であったからである。しかしながら、国際ルールが24秒のショット・クロックになり、米国以外の他国チームの実力も上昇し、以前のようにオリンピックや世界選手権大会で簡単に優勝することも厳しい状況になるにいたり、今回のショット・クロック30秒ルールに至たらしめたのである。また、観客もスピーディーなバスケットボールにも興味をもつようになり、ショット・クロック変更に落ち着いたようである。筆者のハワイ大学の友人から画像を送ってもらうなか、ショット・クロック変更後のゲーム・マネージメントが変化していることがよくわかる。それは、どのチームもボール運びがとてもスピード・アップし、ハーフコートでのオフェンスに時間をかけようとしていることである。競争の激しい米国バスケット界では、生き残るためには何をするべきかと合理的な戦術の開発がなされていることがとてもよくわかり、ルール変更に対応する適応力にはさすがとおもわざるを得ない。

4章　コーチに求められること

Chapter 4

1 明確なビジョンを示す「指導方針」

筆者がバスケットボール界で戦術的側面において最も影響を受け尊敬するコーチはラリー・ブラウン、ライリー・ワレス、ボブ・ナッシュの3人である。ここではラリー・ブラウンについて述べたい。彼はNCAAの南メソジスト大学を最後に引退し、殿堂入りをはたしている全米バスケットボール界では知らない人がないくらい超有名なコーチである。彼は、NCAA（全米大学選手権大会）とNBAの両タイトルを取った唯一のコーチである。選手としても大学、プロで活躍した。1988年カンザス大学をNCAA全米大学選手権大会で優勝に導いたのである。2004年にはデトロイト・ピストンズをNBAファイナルに導き、優勝をはたした。彼は一つのチームに長い間勤めることをしないが、それぞれのチームで成績の向上をもたらした。筆者が彼に出会ったのは、1990年ロサンジェルスで、彼のクリニックを受講したときである。筆者が日本人とわかると気軽に話しかけてくれ、自分は1964年の東京オリンピックのアメリカ代表として出場し、金メダルを獲得したと話してくれた。それ以来、お会いしたことはないがいつも彼の活躍ぶりには注目してきた。彼の実績もすばらしいのだが、その背景にある指導方針と戦術面が筆者には興味深いのである。コーチ・ブラウンは、弱小チームを次々に建て直し、NBA屈指の名将と知られるレジェンドであるが「チーム・バスケット」を好み、ディフェンスを重んじた「システマチック」なハーフコート・バスケットを主体とした戦法を執る。筆者は彼の哲学が好きでいつも関心をもって見ているのである。ブラウンの欲する選手は、エゴが少なく、ディフェンシブで、基本に忠実な選手を好み、特にエース格と呼ばれる選手をつくらないのが彼の哲学なのである。選手全員がボールを共有し、全員に得点させる。3ポイントシュートや派手なダンクは多用せず、セットから確実な2ポイントシュートで得点させる。このような考え方は、まさに筆者が採用している天理大学のスタイルそのままである。オーソドックスな哲学でチームプレーを重視するラリー・ブラウン方式は、はっきりしたビジョンと指導方針が描かれており、分かりやすいのが魅力でもあるのだ。

2 コーチの知識力の豊富さ

皆さんが、教室で授業を受けているときをイメージしてほしい。先生の講義の内容が今まで聞いたことのない興味のある話であれば、集中して聞く。しかし、すでに知っていることや関心の薄い話では積極的に勉強しようとは思わない。スポーツのコーチも選手たちが知らないドリルを紹介したり、経験したことのないプレーを導入したり、また、世界のトップクラスの選手やチームが行っているパフォーマンスや戦術を教えることは、選手たちの興味や好奇心を高める。選手たちはコーチのもつ知識や経験に触れ、目を輝かせて集中し吸収しようとする。

コーチは多くの情報と戦術の知識量をもたなければ、選手のモチベーションを維持したり、高めることは困難になる。チームはたえず、エネルギッシュで前向きでなければ、敵に打ち勝つことはできない。同じ内容のメニューや発想方法では、チームはマンネリ化に陥る可能性がある。情報と知識力をもつには、コーチの研鑽と努力が必要不可欠であり、選手はたえず新鮮な内容を教えてくれるコーチに、いつしか尊敬と信頼を寄せるようになる。選手の能力が低い、チーム環境がよくないチームほどコーチは、勉強して指導への準備を怠りなくしてもらいたい。チーム環境も選手の能力も低く、情報も知識もなければ浮上することはできない。

3 リスクを負わないと進歩はない（和して同ぜず）

日本人の性格の特徴は、集団行動と秩序にこだわりがあるとされている。たえずまわりを気にして突出していないかを気にしている。筆者のゼミでのやり取りでも率先して意見を述べたり、行動を起こす人は少ない。知らず知らずのうちに「出る杭は打たれる」という言葉が生きているように、日本では突出した才能には警戒の目をむける。筆者もこれまで三回の転職を経験してきたが、その主たる理由は妬み、嫉みから嫌な思いを体験したからである。さりとてどこへいこうとも日本の組織、社会は同じ文化であることに気がつき、この職場に留まったのである。住めば都である。「和して同ぜず」の精神が保守的な日本文化にはアジャストするヒン

2017年 台湾師範大学コーチ

トだと考えている。筆者は孔子のこの言葉をたえず思い出すように心がけて対応することにしている。人と協調はするのだが、道理や信念を忘れてまで人に合わせるようなことは決してしないというスタンスを貫くようにしている。しかし、何かを成し遂げようとするときリスクを伴う場合がある。高い成長を望めば望むほど他の人の何倍もの努力が必要になる。リスクを省みず成果を出し続けている人は、犠牲を前向きに考え、前向きに行動する人である。コンスタントに定着して市民権を得ていけば抵抗勢力もあきらめてくる。バスケットボールの世界も同じである。まわりのライバルチームは従来からの戦術、戦法をくりかえしているだけである。何の進歩もない。すばらしい選手が入ると強くなるだけである。新しいことに挑戦したり、取り入れたりするリスクを負わなければ進歩はない。まわりのライバルチームに歩調を合わせながら、新しい戦術や戦法に取り組むイノベーションが成功には欠かせない。前進あるのみである。

4　目先の勝敗にこだわらない

チームにとって試合結果は、とても大切である。できれば全ての試合を勝利で終えたいものである。しかし、そうそううまくことは運べない。チームの目標を設定して、その目標までの試合をいかに戦い、成長させていくかもコーチの腕の見せどころである。勝ってばかりいると選手たちの心に慢心が蔓延ることもある。コーチは、選手たちの能力を試したり、戦術の課題に取り組んだりして、ときには負ける経験も必要である。敗戦から学ぶことは、個々の選手やチームの改善点、課題が見つかり次のステージに進む戦略の見直しができる機会になる。負けたことがなければ、謙虚な気持ちになってはなかなか取り組めない。設定している目標を達成するためには周到な準備が必要である。強豪チームを破るには、相手チームを上回る準備と対策を立てるしかない。設定された目標で結果を残すには綺麗ごとではなく非情さも求められる。筆者は一番大切な目標を達成するためには、忍耐力と信念をたえずもち続けることであると思うのである。

5 初志貫徹

リーダーは、人や組織を成功へ導く義務と責任がある。組織を束ねているのは人である。人は魅力のあるリーダーの下に集まるものである。前にも述べたように、「Dream Big Work Hard」は、筆者の初期の志を忘れないフレーズであるが、魅力あるリーダーは、責任感と信念がある人である。リーダーは、部下となる人たちに態度と行動で信念を貫き、努力を続けている姿を示さなければならない。そして、自分やまわりの人たちを向上させるための目標をメッセージとして、くりかえし発信し続けることが大切な取り組みになる。リーダーの本気度を感じ取らせる言動がいつしかその組織の文化になり、強固なチームワーク構築につながるのである。初志貫徹、ぶれないで徹底することである。

6 明日への準備

バスケットボールに限らず何ごとにおいても成功して結果を出すには、準備が必要である。リーダーは、部下が結果を出そうと前向きに準備を進めているかどうかを見極める洞察力をもたなければならない。モチベーションの低い人は、組織が成長していくには、足かせになる。

そのような人は容赦なくはずす決断力も大切である。箱一杯のリンゴのなかに腐ったリンゴが一つあったら、早く取り除かないとまわりのリンゴも腐っていくものである。リーダーは、部下のモチベーションが前向きなことが確認できれば、組織としての目的も長期的なビジョンの下、明確に示すことが必要になる。そうすることによって部下は努力の傾注にも集中でき、仕事の効率化も図られ結果が得られるようになる。そしてリーダーが組織の利益をより向上させる手立てとして取り組むべきステップは、それぞれの部下の役割分担を明確にすることである。「駕籠に乗る人担ぐ人、そのまた草鞋をつくる人」のたとえにあるように部下のタレント性を見極めて、適材適所への配置を行える資質を磨き、リーダーはもち合わせることが成功へつながる準備になるわけである。

7 決断せよ

筆者は、選手のロボット化を危惧する考えを再三述べてきた。コーチが準備の段階ですばらしいスキルや戦術を指導しても、実際の試合のなかでは、選手が判断し決断しなければならない。筆者がロボット化を危惧する背景は、ここにあるのだ。コーチは選手やチームが結果を出せるために道筋を立てたり、サポートをするのが責務である。ロボット化された選手やチームは、たえずコーチの顔色を見ながらしか戦えないのである。選手たちが主体性をもって決断し、判断しなければ明るく楽しいはずがない。苦痛で耐えてばかりのバスケットボール部活動では、選手たちのモチベーションも高まらないのである。そこで、コーチ自身がチームマネージメントを改革し、選手たちの主体性のもと部活動が遂行できるように仕向ける決断が必要であると考える。選手側にとってロボット化は、ある種いわれるとおりプレーしていればよいが、選手自身が考え判断し、行動するようになれば勇気や責任感という大きなエネルギーが必要になる。しかし、人間は誰しも自由で明るく主体性をもって生きていきたいと願うものである。激しい競争のなか、コーチのサポートをとおして自分の判断で戦うところに大きな意義がある。人生には、このような貴重な体験から獲得できたメンタリティが次のステージでの成功や進歩につながっていくものである。ロボット化に汚染されたコーチングでは、以上のような人材は育たない。コーチは、チームづくりにおいてロボット扱いの指導やマネージメントを行わない決断が必要なのである。

ＮＣＡＡの多くのコーチが、クリニックや講演会のスピーチのなかでロボット扱いの指導はしないと公言するのに、当初は当惑したものである。バスケットボールというフィールドにおいても米国の人権意識の高さ、文化に感服したものである。

8 王様コーチになるな

日本のほとんどの高校バスケットボールの強豪校は、監督、コーチの権力が絶大で選手たちの考えや行動は制限されているといっても過言ではない状況を呈している。監督コーチの側には、いつもかばんもちのようなマネージャーがいて気を使い、指導者は至れり尽くせりのようである。選手はロボット化を余儀なくされ、命令系統は完璧なまでに徹底されてまるで軍隊のようである。確かにチームのベクトルを徹底するには一つの方法ではあると思われるが、選手個人の自尊心や自主性は育まれないと思う。人間は誰しも自由で束縛されないことを望む。ジョン・ウッデンは「誇りは恐怖心よりも人々にやる気を起こさせる。」と述べ、恐怖心や罰、脅しを通じて教えたいと思ったことは一度もないとしている。筆者も同感である。筆者は、リクルートや合宿でたびたび以上の王様コーチに出くわす。王様のチームマネージャーたちは筆者に対しても多大な気配りをして対応してくれる。かゆいところにも手が届くくらいの過剰サービスである。しかし、生来の自由を好む筆者は、すぐに辛くなってしまうのである。欲することがあれば、こちらから伝えるがマネージャーから指摘されたり、指示されるのは駄目なのだ。ジョン・ウッデンは「恐怖心をあおれば、短期的には人々に何かをやらせることができるかもしれない。しかし、長期的な視点から見ると、人びとにやる気を起こさせるには、誇りをもたせる方がずっと効果的だと確信している。その方が、ずっと長い時間にわたってはるかによい結果が得られるのだ。誇りをもっている人物か、罰を恐れている人物か、私ならどっちの人物と一緒に仕事をするだろう。私にとって、それは簡単な選択だ。相手に敬意を示してはじめて相手は誇りをもつ。このことを忘れてはいけない」と述べている。長い引用になったが、貴方はどちら派だろう。もちろん王様コーチを全否定はしていない。王様にも魅力があるからついていっているのであろう。ただ、ロボット扱いされてきた人間もいつかは、王様コーチから巣立っていかなければならない。自立するトレーニングを受けてこなかった人間は、一般社会では前途多難なハードルが待ち構えている。バスケットボールで結果を出すことはとても価値のあることだが、並行してリーダーはその選手の将来をも見据えた指導にも取り組むべきであろう。従属し続けてきた人間が何ごとにも自尊心をもち自主的に考え、判断し行動を起こせるようになるには時間がかかるものだ。筆者のチームも従属し続けてきた選手を自主性や自立心をもった人間に成長させることが大きな課題になってきている。放っておけば従属性患者が弱い下級生に影響を与え、新たな患者を生み出す危険性もはらんでいるのである。

9 言い訳をしない

成功していくコーチや選手とは、謙虚さのなかにも積極的な向上心をもった人である。そしてひた向きに努力を続ける粘り強く行動する人である。成功を目指す往く手には、さまざまな困難が大きな壁となって立ちはだかる。この壁にぶつかったとき、人のせいにしたり言い訳したりする人と、じっと耐えうまくいかなくなったことについて客観視して対策を立て、次に備える準備を怠らない人がいる。後者が成功していく人なのである。言い訳は、聞く側にとって、とても嫌なものである。言い訳をいうよりもまず謝ること、できなかった理由を謙虚に伝えること、言い訳は見苦しいものであることを認識するべきである。言い訳をする人は自己を防衛しようとしたり、失敗を認めたくない人である。言い訳は成功したときには使わず、うまくいかないときに使う。言い訳するということは、うまくいっていないことを、人に伝えるだけである。もし、言い訳をいいたくなったら、相手にとって嫌なものであることを思い出し、言い訳せずに素直に謝りその理由や原因を伝えることは賢明な行動である。言い訳は人を駄目にする言葉でもある。筆者のつたない経験ではバスケットボールでも人生でもうまくいかないことの方がうまくいくことより多いものである。ミスや失敗がたくさん起こるときチームメイトのせい、審判のせいにすれば楽だろうがチームは強くならない。潔く自己の欠点を認める人は多くの人から信頼を得られるものである。うまくいかないとき言い訳ばかりせず「どうすればいいのか」を考え、すぐさま修正し、行動できる人が成功する人の人格である。

10 向上心を喚起する

結果を出す人は、スポーツのコーチであれ、ビジネスマンであれ、たえず現状よりよい状況になりたいと向上心をもっている。いつも結果を出すための道筋をイメージし、計画を立てて実行に移そうとする。すぐに結果が伴わなくとも、当初の目標に近付ければそれでよいのである。この目標に近付くということがとても大切なのである。近付くどころか惨敗したり、焦点がぼやけてしまうような終わり方をすれば次につながらない。これまで費やした時間もエネルギーも無駄になってしまえばもったいない話になる。何ごともぶれないで積み重ねていけば、近い将来、結果を出せるようになるものである。成功を収めている人は、あきらめないで粘り強く向上心をもち続ける人である。すぐに結果を出せなくともまわり道をしながらも成功を収めた方が喜びもひとしおである。このような人はまわりの人たちの共感も呼び起こし、高い評価も得られる。筆者は、順風満帆に結果を出していくよりも紆余曲折の末、成功を収めることの方が人生にはプラスになると思う。

11　法則を理解すると優位に立てる（プロフェッショナル）

結果を出し、成功を収めていける人はたえず考えている人である。正確なゲーム分析ができるコーチは、試合の流れを読み取ることができる。あらゆる場面で次に起こるべきプレーを予測することができれば、ゲームの主導権を握り有利にことが運べる。バスケットボールでは、この予測能力の優劣がコーチも選手にも成功を収めていけるかの大きな要素になる。この予測能力を身につけたり、高めたりするには、正しい学習経験とたえず考える思考回路をもち合わせなければならない。相手チームがやってくることを瞬時に察知し、対応できるような引き出しをもち合わせなければよいコーチにはなれない。コーチはどれだけ多くの引き出しをもっているか、そして試合の流れに沿ってタイムリーな手を打って選手たちを勝利に導いていくプロフェッショナリズムの思想をもたなければ、成功を収めるコーチにはなれないと考える。資質向上のため、たゆまぬ努力は選手同様必要不可欠だと考える。

12　欠点をネガティブに捉えない

筆者の指導している天理大学は、学生数３０００人の小規模校である。部活動を行う練習環境は、100人近くの部員たちが満足な練習をするには物理的に厳しい状況が続いている。現在3チームに分け、練習コートの住み分けを行い、1チームはウェート・トレーニングの日、2チームは時間を半分に分けて練習をしている。

筆者を含め、監督、コーチは外部のボランティアであるため、選手たちには1週間に4回しか指導できず、いつもすまない気持ちで一杯である。しかし、学生たちは素直で前向きな人間ばかりで、筆者の自慢の選手たちである。実際にトレーニングできる時間が限られているなか、我々は他大学と違ったバスケットボール文化を生みだし一つの伝統ができ上がった。それは、体力のなさをカバーするためにいきついた「ディレイゲーム」の確立である。卒業生のなかにも中学校や高校の指導者になり、活躍してくれている先生も出てきた。練習コートがないとか、不満をいう前に現状を工夫して、何か自分のオリジナリティをつくりだし、花を咲かせてほしいと願うばかりである。

13 勝負のときは鬼になれ

これまでバスケットボールのコーチングについて、多くの諸先輩から指導や示唆に富むアドバイスを受けてきた。しかし、米国NCAAのコーチの生き様は、筆者にとって大きな衝撃を与えてくれた。なかでもディビジョン1・2のコーチは全てプロフェッショナル・コーチである。皆さんは、有名な成功したコーチのニュースや報道しか伝わってこないので、現実の厳しい競争の世界を知らないと思う。筆者はバスケットボールの結果が出ないで、解雇に追いやられていった友人コーチの姿や使っていたオフィスの後片づけのシーンをたくさん見てきた。コーチ自身も辛い思いであろうが、家族の落胆ぶりはもっと悲しいものに映った。プロフェッショナル・コーチの世界は、結果が全てである。結果がよければ、年収もあがり、複数年契約も叶い、安定した生活が保障される。その安定した生活を確保するため、コーチは結果を出し続けることが宿命なのである。コーチのこの心理をNCAAは充分理解しており、チーム力アップのために猛練習に走り勝ちなコーチから選手をプロテクトする手段としてシーズン制を取り入れているのである。さて、生活がかかっているコーチを、結果を出すためにどのような試合においても、手を抜かず勝ちにこだわる。スターティグ・メンバーの厳選、メンバー・チェンジの仕方など「情け容赦」もない対応である。心を鬼にして采配をふり続ける。米国NCAAのディビジョン1・2の試合でのコーチ采配を見るなか、筆者のような教育的配慮を中心に考えた「甘ちゃん」コーチは、お目にかかったことはない。やはり、勝負のかかったときは、ときには非情な鬼の采配も必要である。

5章　選手に対して

Chapter 5

1　選手とのコミュニケーション術

コーチは選手に対して上から目線ではなく、敬意をもって接する態度が信頼関係の構築には大切である。何よりも「選手を思う気持ち」がどれほどあるかということである。「勝ちたい」、「うまくなれ」だけでなく、心底「君のため、役に立ちたい」と思ってコミュニケーションが取れるか否かである。また「君ががんばってくれないと、コーチとしての評価が下がるのでがんばれ」ではなく、「チームの将来のためにも、君にしっかりと育ってほしい」と思ってコミュニケーションが取れるか否かということである。どのチームのコーチよりも熱心に、情熱と敬意をもって役に立ちたいと思って接すれば、選手は理解し前向きに向上しようと努力するものである。コミュニケーションの取り方は、選手、チームのモチベーションに大きな刺激を与える。選手が何を考え、何に悩み、どのような壁にぶち当たっているのかを聞いて、問題を共有してともに解決策を考えることで選手との信頼関係が築かれ、選手が育つことにつながるのである。成功していくコーチは聞き上手なコミュニケーション術をもつカウンセラーでもあるのだ。教師やコーチの立ち位置が、日本の文化ではどうしても上から目線になる。「教えてやる」、「やってやってる」という態度でなく、若くこれから成長しようとしている選手たちのためにともに努力しようという言動は相手の心を掴むものである。リーダーは無私の心で最大限の努力をすることである。

2　普通であろうとしすぎるな（金太郎飴）

自分で考え、判断して行動を起こすことができないロボット化された人間は、たえず怖い鬼コーチの顔色を気にして、ミスを犯さない、失敗しない安全なプレーをする傾向が強い。まわりの選手たちと同じプレーしかしない選手が、チームのためにリスクを犯し、献身的なプレーなどできるはずはない。個性のある選手はチームのために積極的に思考し、失敗を恐れずに行動を起こす。コーチは、ミスした選手に怒るよりも次からは同じミスをくりかえさないよう大きな心で指導するべきである。選手が萎縮した心でプレーすれば、ダイナミックなプレーなど生まれない。コーチは金太郎飴的な選手を育成していないか。個性あふれる選手の育成は、自由な発想のチームマネージメントのなか、育まれるものである。失敗は成功の基である。コーチが厳格すぎると、選手のロボット化につながり、積極的な個性あふれる選手は生まれない。

3　約束を守らせる

筆者がどのような試合においても心がけていることは、自分の能力を最大限発揮することで

2012年 リーグ戦

ある。ジョン・ウッデンは選手たちに自分の能力を最大限に発揮するために最善を尽くすことを課しなさいと述べている。反対に、人がなしうる最悪の行為は、自滅することだと筆者は考えている。自滅するというのは、最善の努力をせず、自分の能力を最大限に発揮しないで終わる意味だとも述べている。相手チームの選手も味方の選手もどうだったとか、こうだったとかと言い訳がましいことをいう人がいるが、それは自滅である。筆者はやろうと決めたことを徹底してやるのみの精神で指導にあたっている。結果は後でついてくるだけで、勝利をあげることができなければ、次回は修正して臨むだけある。また、修正した戦術を徹底して最大限できるようにするだけである。この考えを選手たちにも理解してもらいたいと約束するのだが、2017年度シーズンの選手たちは筆者との約束を守ることができなかった。試合前のミーティングで約束しても、途中まではそれぞれの役割での最大限のプレーを心掛けているのだが、うまくいかなくなった途端に、徹底できず何をやろうとしているのか焦点が定まらないことが多かったのである。これは心の弱さというよりも、日頃からの意識づけが足りなかった筆者の責任が大きいと思う。コーチと約束したことは絶対守らなければならないという意識は、コーチとの信頼関係が強固であるからである。その構築が次年度への僅々の課題となる。

4 隠れた能力を引き出す

筆者のチームに入部してくる選手の特徴は、真面目で素直、スキルや能力的にはそれほど高くなく全国大会での成績も1、2回戦を勝つかどうかというレベルである。

選手たちがスキルや能力も高くなく、キャリア的にもトップレベルでないのであればオフェンス面で競争することは、伸びしろがあるとしても厳しいことが予想される。性格面は真面目で素直であれば、ディフェンス面で活躍できる要素があると考えられるのでディフェンスをがんばるチームに育てたいと考えている。コーチはそれぞれの選手たちの特徴を見極め、どのようなポジションでプレーするべきか、またゲームテンポやディフェンスのスタイルについても判断を下さなければならない。そのときの判断材料は、選手たちのポテンシャルな意識を考慮して決定している。筆者は、オフェンスについてはスキルや能力面の要素が優れていなければ機能しにくいが、ディフェンスはやる気と粘り強さがあれば充分対応できると考えている。選手たちの潜在意識を、コーチはどれだけ掴んでいるかいないかが「ディフェンシブ」なチームを目指すチームづくりには特に大切である。

5 明確な課題を与える

筆者は神戸学院大学で教鞭をとり、研究に講義に会議にと忙しい日々を送っている。筆者の専門分野はスポーツ社会学とスポーツ政策論という学問である。研究調査を進めていくなか、スポーツ現場での生の実態を把握することが何よりも必要性があることに気付いた。学会での発表や研究物や、筆者自身の調査、研究においても、極端な言い回しになるが机上の空論に陥る可能性に気が付いたのである。筆者の研究では、やはりフィールドワークを優先順位のはじめにやらなければならないという判断の下、天理大学パワフルペンギンズの指導に携わる動機に至ったのである。そのような背景があるので、他大学のフルタイムコーチとは違って時間的な制約が余儀なくされ、選手たちには迷惑をかけるような形態になっているのである。

物理的なハンディを抱えながらの指導なので、合理的なトレーニングと効率化の追求、新しい戦術、戦法の開発はチームにとって大きな戦略になる。多くの部員を抱えての運営なので、チームとして、部員個人としての課題を分けて考えなければ焦点がぼやけてしまう。指導体制は、Aチームを筆者が中心として指導し、Bチームは学生コーチが中心になって指導している。基本的にはA、Bチームは同じコンセプト、メニューでやるのだが、とくにBチームは経験値、スキル、モチベーションのレベルも差が大きく指導する側も大変な苦労をしている。ただ、学生コーチの多くは将来、教員志望の学生が多いので積極的に指導にあたってくれている。おそらくこのような体制も他大学とは違う天理大学のよさではないだろうか。さて、選手間の経験値、スキル、モチベーションの違いを克服してチームや個人の課題を乗り越えていくのも大変な作業になる。練習の形態は、チームでオフェンス、ディフェンスを行い、個人プレーを重視させないスタイルを取らせている。ハーフコート・オフェンスではスクリーンを多用し、時間をいっぱいまで使ってディレイオフェンスを心がけさせるのである。

ディフェンスは、マンツーマンを主体にタイトなディナイアル・ディフェンスを採用し、相手を少しでも困らせ、決してギャンブル的なディフェンスをしないで、粘り強くタフ・ショットを打たせるようにさせている。しかし、日本の多くの強豪チームは、早い展開のチーム・スタイルを行うので、それを参考にして指導されてきた選手たちは筆者のチームのコンセプトが理解できない。いわゆる我慢ができないのだ。自分たちより力が上のチームに勝利を収めるには、アップテンポなスタイルよりロースコアなゲーム展開しかチャンスがないことが理解できない状況が今の弱体化した主たる原因なのである。チームの僅々の課題は意識改革である。幸い筆者は間もなく定年退職を迎える。時間の余裕もできてくるだろうから、裸一貫もう一度再起を図りたいと決意を新たにしている。

6　メッセージの与え方

成功を収めるためには、掲げた目標に向かってコーチも選手も一丸となって努力をしていく。コーチはその努力の成果を効率的なものに引き上げる手段として、適格なメッセージを与えなければならない。優秀なコーチほど、コーチングにおける研究や学習が熱心であるので多くの知識や情報を蓄積している。優秀なコーチは情熱的で成果をあげるための努力を惜しまないし、勝利に貪欲である。得てして選手たちにメッセージを多く与えすぎて、受け手の選手たちが消化不良を起こしてしまうことがある。経験値の低い、若いチームほど余裕もないのでこの傾向に陥り、焦点がぼやけて苦戦をすることもあるので注意が必要である。筆者もよくメッセージを与えすぎて、失敗したものである。賢く行動できる選手と単純な思考回路しかもち合わせていない選手にはメッセージの量の与え方を考慮する必要がある。

しかし、総体としてメッセージからの学習効果を上げるには簡単に吸収できるような内容のシンプルさを心がけることが効果的かつ効率的な学習につながると考える。敗戦後のミーティングもしかりである。敗戦後、よく見受けられる光景は、試合観戦にきたＯＢ諸兄たちが長々と敗戦の弁を説教している場面である。おそらく重要なポイントを話していると思われるが、明日も引き続き試合があるリーグ戦などでは、要領よく手短に話して、早めに休ませる方がコンディションにはよいに決まっている。もっと伝えたいことがたくさんあるならば、監督、コーチに細かいところまで伝えればよいのである。自分の存在感を誇示したいためにミーティングを利用するのは、やめてもらいたい行動である。

7 人間同士

コーチは「ものづくりの職人」ではない。選手という人間が相手の仕事である。人間はどのような人でも学習して成長し、一人前になっていくものである。バスケットボールの選手も同じである。一人前になるまでは相当の時間も労力も必要である。未熟な段階ではコーチから厳しく指導され、鍛えられていくのであるが「ものづくりの職人」コーチは、ロボット相手と同様に粛々と指導を続け、結果を求める。未熟な選手は、ミスを犯しチームに迷惑をかけまいと消極的になる。その選手の感情や気持ちなど考えず、「ものづくりの職人」コーチは罵声をあびせ、切って捨てるのだ。筆者は、多くのこのようなコーチに出会ってきた。種を蒔き、水、肥料、光を与えればやっと芽が出てくる。しかし、この芽を摘んでしまうコーチがいるのである。経験値の低い選手ほど、ミスをする。「ものづくりコーチ」は怒り、未熟な選手は萎縮しモチベーションは下がるというパターンは、よくある図式である。選手は人間である。コーチは教え育てるという視点から、完璧にとらわれすぎないで大きな心で手助けしてあげる態度が必要だと思う。ジョン・ウッデンは指導下にある人を一人の人間として関心をもち、愛しなさいと述べている。指導下にある人たちを愛し、話を聞き、経験を分かち合おう。愛こそが、この世で最も強力な薬なのだ。それを忘れてはいけない。愛は多くのことを意味する。それは与えること、分かち合うこと、許すこと、理解すること、耐えること、学ぶことである、とも述べている。コーチは選手をスポーツ選手として気遣うと同時に一人の人間としても気遣う大きな心をもつことも大切である。

8 公平に褒める

日本の指導者は出身高校やキャリアで選手を評価する傾向がある。よいパフォーマンスができたり、一生懸命取り組んでいたり、自分の仕事にきちんと向き合っていたりすれば、チームの代表としてレギュラーに抜擢させるべきであると考える。筆者はスポーツに限らずあらゆる分野に背景や地位、肩書は、無関係だと考えている。背景や地位、肩書はこれまでの経緯であり、参考にすぎない。重要なのは「今ここで、いいパフォーマンスができるか」ということである。コーチのこのような考えは、選手たちには強いメッセージとなり、信頼関係が増し、モチベーションは上がる。ノン・キャリアの選手が活躍すれば、ライバルチームの選手にも影響が出てくるのである。これまで優越感をもってプレーしていた選手は、こんなはずじゃなかったとプレッシャーを感じリラックスできなくなる効果も出てくる。２０１１年天理大学パワフルペンギンズが、創部初の全国大学選手権大会において3位に躍進したときは、まさに先ほど述べた効果が出た大会であった。相手チームの面々は、無名の選手たちを前にして、軽い気持ちで試合に臨んできた。試合時間が経過していくなか、こんなはずじゃないという空気に陥っていくのが分かった。選手たちは無私無欲で戦い抜き1点差で勝利をあげることができたのである。選手たちを公平に扱い、よいことは褒めるチームマネージメントは、チーム内を結束させ、結果的には対戦相手にもプレッシャーを与える相乗効果をもたらしたのである。

9 上下関係のあり方

日本のスポーツ文化は、先輩後輩という年功序列が、どの種目でもまたさまざまなカテゴリーにも存在する。この年功序列はスポーツ界だけでなく、一般社会にも広くいきわたっている日本特有の文化だが、筆者の考えはことスポーツに関しては反対の立場である。バスケットボールという科学的に捉えなければならない競技には、合理的根拠に乏しい考え方だと思う。バスケットボール競技を離れたところでは、年長者を敬う精神は大切であるし、世界各国どこにでも存在する。しかし、バスケットボールコートの内と外では違う。コートのなかでは、先輩も後輩も関係なくプレーしなければ、相手を出し抜き勝つことはできない。いちいち、先輩の顔色を見ながら、指示を仰ぎながら戦う姿を想像してほしい。そこには、年齢の上下関係が入りこむ余地はないのである。筆者は、いつも上下関係の弊害を指摘し、かれこれ35年指導してきた。しかしながら、筆者の前ではそのようなふるまいはしないが、気を付けて見ていれば後輩が先輩に気を使って行動している様子が垣間見える。何故年齢による上下関係はなくならないのか？　理由は二点ある。一点は、さまざまなカテゴリーでも年齢による上下関係があり、その文化が染みついて、何の違和感ももたなくなっていることである。自分も下の学年のときはそうやってきたから普通であると考えている論理である。下級生でもスキル、体力、精神力も上回っていれば、先輩を出し抜いて試合に出る方がチームにとってもメリットがあるのだが。いわゆる、改革して現状をよくしていこうと思わない問題意識の低さが考えられる。二点目は、チームの運営上、下級生だといろんな仕事をこなすのに使いやすい、頼みやすいという視点がある。２０１７年度シーズンは最悪の結果であったことはすでに述べた。リーグ戦中二人の一年生は、全ての試合をスターティングメンバーとして出場した。彼らは疲労困憊の日々が二か月間続いた。天理大学は、総勢90名の部員を抱えているので、Aチーム以外のBチームの練習も当然行う。彼らは、そのBチームの練習の手伝いに駆り出されていた。筆者は、疲れた様子の二人を見て学生コーチに休ませてやってほしいと指示を出し、レフリーの仕事を解いて休ませるようにした。このように、ただ下級生だからという理由だけで、状況や立場も考えないやり方に年功序列の文化は走り出す危険性をはらんでいると思わらずにはいられないと危惧するのである。

10 結束力を高める

チームの結束力を高めるには、チームでの規律を選手全員が順守しなければベクトルは同じ方向を見出せない。これまでのチームは人数も30人ほどだったが、現在は90人近い大所帯になり、チームガバナンスの維持も難しい状況になった。チームのルールは、①喫煙の禁止、②所定の単位数取得、③アルバイトの制限、④身だしなみの注意、を掲げている。筆者を含め監督、コーチが二名、学生コーチが四名、女子マネージャーが三名のスタッフでチーム運営をいっている。２０１８年度からは入部希望者には、入部トライアルをする方向で準備を進めている。今のところ規律を破ってペナルティーを与えられた学生は、そんなにはいない。しかし、油断はできない。学内で問題を起こす事例は少ないが、外部でさまざまな事件やトラブルに巻きこまれる可能性は充分考えられるので、引き続き注意を喚起して円滑なチーム運営を目指したいと考えている。学内的なところで結束力を高めるには、部員を公平に扱うことが大切である。試合で活躍する選手、上級生、また下級生でも高校バスケットボール界でのキャリアが優れていることなどから特別扱いをしたり、大目にみて黙認することは絶対にあってはならない

2017年 リーグ戦

ことである。このようなところからガバナンスは崩れ、チームの結束力は保てなくなる。人数が多いこともコミュニケーションが取れなくなったり、チームのコンセプトの焦点が曖昧になったりする「大企業病」に陥りやすくなる。２０１７年度シーズンの筆者のチームはまさにこの「大企業病」に侵された。しかし、それはリーダーの責任で、監督である筆者の責任である。倒産企業の社長になってしまった。夜逃げするか、会社更生法にのっとり再生を図るかの瀬戸際に立っている。もちろん再生を図り、再上場を目指す。人生の終末期に差し掛かっている老人に、神様はまた試練を与えられたと前向きに今回の結果を捉え、若い選手たちと再出発を図る決意である。

11 冷静沈着

筆者は27年前、ハワイ大学のアシスタント・コーチとして全米各地を転戦し、いろいろなチームと対戦したり、眺めたりしてきた。コーチも選手も常に高いモチベーションをもって戦かうのだが、決して興奮はしないで冷静沈着に準備してきたプレーを淡々と続けていた。ベンチにいる選手たちが真剣な眼差しで試合を見ている風景も、日本のそれとは随分違うと感じられた。それは、今も同じである。試合の大勢が決まる終了間際には、勝っていればリラックスする雰囲気に変わるが、終始真剣で注視しているところが日本のチーム事情と違うところだと思う。試合のはじまりから、ベンチメンバーは軽いノリで観客のような気分で座っているのは、米国の文化には見当たらない。試合に出ている選手もベンチメンバーもチーム一丸となって戦う姿勢は、清々しいスポーツのよさである。物見遊山の観客と同様に奇声をあげ、興奮している選手はとても軽く、責任感も感じられない。TPOをわきまえる意識や行動、判断力を備えることが成功する選手、チームになる。

12 部下を公平に扱う（リクルート）

筆者は、リクルートの優先順位をまず選手の人格、そしてその選手の人格形成に大いに影響を与えたご両親、コーチの人格を基本的に見る。多くのリクルーターは、どれだけ得点を取るとか、体力、体格、運動能力などが優れているかでリクルートを決定する傾向がある。人格を重視しないで入学させ、失敗している例はとても多いようである。下級生のときは「借りてきた猫」のようであった選手が、学年が上がる毎に自己中心的な行動を取り出すパターンに陥り、チーム内でうまく機能しなくなるケースである。筆者が好きなリーダー語録の一つで、戦国最強といわれた武田軍総大将、武田信玄は「人は城、人は石垣、人は堀、情けは味方、仇は敵なり」と述べたといわれている。この意味はどれだけ城を強固にしても、人の心が離れてしまえば世のなかを収めることができない。熱い情をもって接すれば強固な城以上に人は国を守ってくれる。また、仇を感じるようなふるまいをすれば、いざというとき自分を護るどころか裏切られ窮地に立たされるといっているのである。スポーツのコーチと選手の関係も同じである。部下である選手が人格的に素直で努力をいとわない人間であればコーチの指示も謙虚に受け入れ、チームが一丸となって同じベクトルに進んでいける。コーチ自身としても上から目線でなく、選手に対して愛情をもって大事にし、信頼し合える関係を築いていく努力が成功できるチームに変身できるようになるのである。だから、バスケットボールの能力はとても重要だが、人格の部分もチームスポーツには、欠かせない条件だと考える。

13 メンタル強化

誰しも重要な試合で最高のパフォーマンスを発揮して、すばらしい結果を残そうと努力をするわけである。筆者はその結果を残す手立てに、さまざまな取り組みをしてきた。筆者のチームの練習環境はよくない。昨今、多くの大学体育館は冷暖房完備の施設を完備している。選手のコンディションを考えれば、冷暖房完備の体育館でトレーニングを積めば効果も出やすいだろう。しかし、ないものねだりをしてもはじまらない。筆者は、あえて夏場の暑いとき、冬場の寒いときでも、オーバー・トレーニングにならない範囲で練習を行う。水分補給や休憩を小まめに取りながら厳しくトレーニングを課す。そこにはレベルアップして強くなりたいという、コーチ、選手たちの思いや覚悟が求められる。コーチから到達目標が設定され、そこに向かう選手たちの意識や覚悟が定まれば人間とは強いものである。人間の思いが強ければ、心身の対応能力は暑い寒いという寒暖能力をも改善させていく。まさに「心頭滅却すれば、火もまた涼し」である。しかし、熱中症対策には充分な注意を払わなければ、事故につながる恐れもある。栄養、睡眠面のリスク管理もマネージャーの大きな仕事である。徐々にトレーニング・メニューのボリュームをあげていくなか、順応していく。自分たちのチーム環境のハンディを逆に生かそうとする発想である。冷暖房完備の体育館の試合では、筆者の選手たちは快適な環境での試合にモチベーションは上がり、すばらしいパフォーマンスが期待できる流れになる。逆転の発想である。しかし、このような対応力は強いメンタリティが必要不可欠である。

もう一つ筆者が行うメンタルトレーニングは、海外遠征で異文化体験トレーニングを行うことである。2015年はセルビア共和国遠征を行い、2016年は、中国山東大学への夏季強化合宿にいった。この海外遠征プログラムの狙いは、レベルの高いチームとの交流試合や現地の著名なコーチからクリニックを受け、バスケットボールの世界観を広げ、技術や体力、戦術などを肌で体感してもらうことである。

しかし、筆者が重視している狙いは強いメンタリティの育成につなげることである。言語、食事、風呂、トイレ、対戦チームの選手との確執などの異文化体験が強いメンタリティの育成につながると考えるからである。家で、下宿で、寮で、気楽で楽しい学生生活を送っている選手たちに、違う文化圏で気を使ったり、工夫我慢したり、仲よくなったり、自己主張したりして、大人としての人格形成につなげたい狙いがある。「井のなかの蛙大海を知らず」のたとえのように、広い視野をもち、心も体もどのような逆境に遭遇してもはねのけて前に進んでいける選手、大人に成長してもらうためのプログラムなのである。

14

謙虚な気持ちで教える

筆者は、これまで自分が指導者や先輩から受けた言動で嫌な思いを抱いたことがたくさんある。筆者の哲学の一つは、自分が受けた嫌なことは他人にはぜったい行わないと心に決めていることである。コーチは権力者である。多くのコーチは選手や父兄からは、一目おかれた存在であることから、知らぬ間に上から目線の支配的な態度を取るようになる人がいる。誰しも傲慢な態度で上から目線の人には、好感を抱かないだろう。しかしながら、嫌でもチームのコーチと選手の関係は、成功を目指して続いていく。「親の背を見て子は育つ」ということわざがある。子供は、親のやっていることを見て、それが当たり前のことと思って、自分の常識にしてしまうという意味である。はじめはコーチの言動がよいと思わなかった選手が知らない内に影響を受け、傲慢コーチと同じふるまいを仕出かすパターンに陥れば、将来的には悲しい人材の育成になるわけである。

筆者は、もちろんこの種の指導者ではない。筆者のチームは、強くはないが、チームの文化と選手のキャラクターは、どこに出しても恥ずかしくないレベルの集団である。筆者は、ＵＣＬＡ元ヘッドコーチのジョン・ウッデンの人格が選手たちのまさに手本となる姿勢をあらわしていると思い、ロールモデルに挙げさせていただいている。指導者の最も基本的な条件は、自分の指導下にある人たちの尊敬や信頼を得ることである。それには、自らがまず彼らに敬意を払わなければならない。コーチがこのような謙虚な態度で接すれば、選手たちも同じ態度や行動を起こすようになるものである。

筆者の指導哲学の基本は、自分自身が嫌なことを相手に押しつけないということである。指導者、教師、コーチが指導している人たちに与える影響は大きなものである。よって指導者は自らの責任の大きさを認識しておく義務がある。指導者は権力者でもある。指導者になった途端、上から目線の支配的な態度をとる人を見かけるが、受け手側は不快な気持ちになるものである。とてもすばらしい内容のレクチャーをしても、指導者自身のことを自分で「先生はね、」と話す指導者をとき折見かける。このような指導者は、指導する立場が権力を行使できる立場と勘違いしているのだろう。特に、スポーツにおけるコーチと選手との関係では、権力者と従属者の構図は、気をつけなければ派生しやすいところがある。そのいきすぎた例が「パワハラ」や「セクハラ」、「暴力行為」、「いじめ」に発展するケースである。権力者が怖いから、選手たちは素直に聞いているふりをしている「面従腹背」の実態があれば、知らぬが仏で、指導者やコーチにとっては悲しい話である。チームや選手たちに対して成果を上げるためのサポート役が、コーチの本質であることを再認識しなければならない。

ジョン・ウッデンは彼の著書『育てる技術』のなかで、指導者、教師、コーチには自らの責任の重大さを認識しておく義務があるとして次のように述べている。自分の指導下にある人たちの「人格を磨くこと」、「建設的なものの考え方と価値観を教えること」、「模範を示すこと」をあげ、さらにそれ以上に大切なのは、そのような責任、機会、義務が与えられていることは特権だということだ。人はそのような特権を絶対に軽んじるべきではないと戒めの言葉をあらわしている。まさに名言であり、指導者たるもの充分肝に銘じなければならない言葉である。

15 相手のために叱る

筆者は、試合中でも練習中でもまちがったプレーをした選手には、容赦なく厳しく注意してきた。筆者は、年齢をも顧みず、中心選手でも上級生でもまずいプレーをすれば、厳しく叱り、分け隔てなく、公平に褒め、筋を通してやってきた。いつしか、筆者の評判は「叱るコーチ」として定着するようになった。他の多くのコーチにはないタイプなので、とても目立つ存在になっているようであった。

しかし、筆者のスタンスは変わらないが、受け手の選手たちが人前で厳しく注意されたり、叱られたりするのに戸惑いを隠せないキャラクターの選手が近年増えてきたように感じられていた。少子化で小さい頃から大事に育てられてきた背景から、厳しく叱られた経験も少なく、特に筆者のように猛烈タイプの叱り方には、慣れておらず、その後のプレーに悪い影響が懸念されるようになってきた。

ジョン・ウッデンは、人前で厳しく叱ると、選手に恥ずかしい思いをさせて反感を抱かせてしまい、こちらの真意がうまく伝わらない恐れがある。コートの上であれ、職場であれ、こういう指導は逆効果であると述べている。筆者は、近年の選手たちのキャラクターの変化を鑑み、最近はそれぞれの選手にあった注意の仕方を考え、話すようにしている。やはり、人前で叱られるのは誰も望んではいないので、注意の仕方は考えなければならないであろう。ただ、選手の奮起を促すときや、打たれ強い選手には感情的にならないで演技を装って厳しく叱咤激励することもコーチングのテクニックとしてもっておくことも必要だと考える。自分の腹いせではなく、選手のことを思って叱れば選手にも伝わるものである。

16 理論的に評価すべし

バスケットボールにおける人の評価は、どのようなときに行われるのであろうか。多くは、試合に出場するレギュラーメンバーの選定やベンチメンバー、キャプテンの選出等々である。これらの決定の判断基準は、選手のスキルや能力、チームへの貢献度、将来性、責任感、忠誠心などを総合評価するものであろう。試合に出場できるとかベンチに入れるかなどは選手にとっては、とても大きなことである。苦しいトレーニングで努力してきた彼らにとっては、判断基準が明確で客観性があれば納得するが、曖昧であったり、不透明であれば不信感が芽生える。また、決定権を握っている監督、コーチの好き嫌いで選出されるのであれば、公平感は喪失されてしまう。判断基準はチームの方針に従って、試合で結果を出している選手が優先されなければならないであろう。しかし、個人的な能力はとても優れていても、チームの方針を理解せず、チームプレーに徹しきれない選手がいれば、監督、コーチにとって厄介な存在になる。そこは、話をして理解をさせなければならないが、経験上修正できる選手は少ない。本人にとってもチームにとっても「宝のもち腐れ」になるわけである。監督、コーチの判断基準が客観性のあるものであれば、選手たちは納得し選手側への配慮と捉え尊敬し信頼関係ができ上がる。チームの一体感が生まれ、同じベクトルに舵を切れるようになる。

傲慢で横暴な監督、コーチは、全てトップダウン方式で選手側への配慮などはいっさい行わない。いわゆるコミュニケーション不足が生じるのである。リーダーの好みが実力より優先されれば不公平感が生まれ、選手たちのモチベーションは下がり、自主性もなくなり、ことなかれ主義が横行するようになる。リーダーに対する尊敬の念や信頼感がない組織が結果を出せるはずがない。

17 情熱と経験

バスケットボールに限らず、ことを起こし成功を目指すには情熱は必要不可欠である。成功を収めるには、情熱と経験の組み合わせが大切である。情熱は上級生より、下級生のほうが多くもっている。経験は、上級生の方が勝っている。筆者はチーム編成を考えるとき、この情熱と経験のバランスを念頭において決めてきた。成功のためには、厳しいトレーニングでの準備が必要である。そこには新しい課題にチャレンジする旺盛な情熱がどれだけあるかが、効果的なトレーニングになるのである。日本の多くのチームは、我がチームも含め年功序列の文化が根強く、若い情熱のある選手の成長を阻害してきた。バスケットボール以外の下級生としての仕事をこなさなければいけない仕組みをつくってきたのである。当然、バスケットボールには、集中できない。バスケットボール以外の仕事を「修行」であるがごとく課してきたのである。上級生が優先される文化の構築のメカニズムは、このシステムにある。

筆者は、先ほど情熱は若い人の方が旺盛であると述べた。しかし、上級生は豊富な経験をもち合わせているが、下級生ほどの情熱は個人差はともかく薄れていると思う。それは情熱が限りあるものだからである。下級生がバスケットボール以外の仕事にエネルギーを費やさなければならない環境下では、下級生の情熱も薄れていくものである。活きのよい若い情熱をもった下級生と経験豊富な上級生との組み合わせがチームの成功には必要である。大きなプレッシャーを感じる重要な試合では、情熱だけでは勝てない。上級生の経験が冷静沈着な試合運びを生み、勝利に導くのである。しかしながら、筆者は成功へのステップは、まず熱き思いの情熱だと思っている。経験豊富な上級生であっても、厳しい情熱をもった努力を怠ってはいけない。遠征、合宿にいって選手たちと同じ宿舎に泊まると、上級生の怠慢が目につく。下級生が後片づけ、洗濯などで疲れ切った状態でも手伝うそぶりも見せない。手伝う上級生は後輩から感謝や信頼を勝ち得るのにと思って見ているが、そのような先輩は少ないようである。

スポーツ活動に限らず、共同でことにあたる際、自己中心的な行動をとる人とみんなのために動く人とは、評価は大きく分かれる。後者は、感謝、尊敬されて信頼を勝ち得るものである。多くはこの理屈が分かっていながら、つい上級生、下級生の論理で知らない態度を取ってしまう。約30年間、多くの卒業生を送り出してきたが、社会に出て成功している卒業生は、少しでも人のためになる行動をしていた人間の方が割合的には多い。やはり、慕われたり尊敬される人間は、自己中心的な人間でない人であって、多くの人たちからのサポートを受ける循環に入り成功しているのであろうと推測している。バスケットボールのような激しいスポーツで情熱を注ぎ、たくさんの経験を積み重ねただけでも人並み以上のことをしてきたのに、なおかつ人のため、世のために尽くす行動をこの若い大学生時代の部活動において経験しておけば、大変大きな財産になると思われる。自己中心的で上下関係の文化に浸っている人は将来に向かって、大きな損失の時間をすごしていると思わざるを得ない。筆者は10年前、大学当局がマイクロ・バスの借用許可が決まったのを契機に60歳で大型免許を取得した。可能な限り、下級生の負担を軽減できるようにマイクロ・バスの運転を行い、試合に出かけている。少しでも筆者の行動が何らかの示唆につながればと思うがまだ道半ばである。

18

選手の人格形成のために

コーチは、勝利を目指すことが最優先課題である。効果的なコーチングによって勝利という結果を掴み取るには、選手たちのスキル、体力、高いモチベーションを前提に戦略・戦術の開発を行い、合理的なトレーニングを与えることが必要である。しかし、過酷な競争の社会においては、「ナイスガイ」と呼ばれるたくましいキャラクターの育成は、効率的に結果を出せるコーチになっていく基礎である。筆者は今までのコーチング研究や経験から以下の項目を中心に指導を実践している。

①自分を信じる

バスケットボールはチーム内においてもレギュラー争い、チーム外でも過酷な競争が待ち受けているスポーツである。怪我、スランプ、コーチやチームメイトとの価値観の違いなど気持ちよく順風満帆な選手生活をおくれる選手は少ないのが現実である。そのようなとき、筆者は選手たちに自分を信じ、自分を大切に貫くように話す。

②勇気をもって常にチャレンジする

スランプに陥っているときも順風満帆で好調なときでも弱音を吐かず、また現状に満足せず勇気をもって常にチャレンジすることが成功につながることを理解させる。小さな子供は一喜一憂しがちであるが、真の大人はぶれないでたえず前を向いている。大事な試合では、なかなか自分たちのペースで試合を展開することは困難である。思い切りのよさが流れを変えるきっかけになることがたびたび起こるものである。強い決断力の養成は必要不可欠である。

③努力してギブアップしない

厳しい練習やさまざまな準備を行ってきてもなかなか結果が伴わない状況に陥る場合、弱気になりがちである。そのようなときあきらめないで努力を続けていくことが大切である。「長雨もいつかは止む」ものである。人生山あり谷あり。心の幼い選手には大切なキーワードである。

④自分の能力を生かしなさい

競争に打ち勝つには自分自身の長所、短所を知ることが成功していける前提である。がむしゃらに猛練習をしているにもかかわらず結果を出せずにいる選手やチームは、自分たちの自己分析がうまく機能していないのではないだろうか。2500年前の孫子の兵法「敵を知り、己を知れば百戦危うからず」は、まさにバスケットボールのスカウティングである。

⑤いつも負けない気持ちをもち続ける

筆者がコーチをしてきたチームは、世間の一流チームが兼ね備えているような環境や条件ではなかった。合宿所、体育館、スタッフ、強化費、サラリー、選手のグレード、どれをとっても劣るものであった。しかし、創意工夫を凝らし努力してアベレージ以上の実績をキープできているのは、「いつも負けない気持ちを」を自分自身も意識し選手たちにも伝えてきたからだと確信している。

⑥目的を明確に位置付ける

コーチがチームを勝利に導くことは、前述したように最優先課題である。しかし、チャンピオンになったチームのコーチ、選手が、品格に欠けるような行動や態度を取れば、注目されているなか勝利とは裏腹に低い評価が下され、折角の努力の結晶も色褪せてしまう。チーム事情はともかく、社会的にファンや子供たちに失望感を与えることになりバスケットボール界の評価に傷がつく。

筆者が思うに日米の大学バスケットボールのレベルの大きな違いは、スキルや体力、高いモチベーション、トレーニング法、戦略、戦術などといったことよりも、バスケットボールに携わる人々全体が社会の多くの人々に対して親切で信頼されるべき行動や態度で接しているか、いわゆる高い道徳心をもっているか否かだと断言できる。この意識の涵養の源泉はNCAAである。大学生の本分は、勉強と部活動を両立させる文武両道の精神である。かつての日本の教育現場ではよく目的にされた言葉であるが、今や死語になってしまったようだ。

筆者はNCAAの強豪大学がさまざまなルール違反を起こし、ペナルティーを与えられコーチの解雇や出場停止処分に至った経緯をたくさん見てきた。「勝てば官軍」という言葉があるように、日本には権力者（強豪チーム）には比較的寛大な処置が取られる文化特性があり、学生スポーツの目的を曖昧にしている原因ではないかと考えている。

⑦何ごとも仲間やチームとともに存在していることを意識させる

仲間やチームあっての自分の存在に気づかない自己中心的な選手は、スポーツの競争社会にはよくいる。その選手がチームのなかで活躍する選手であればあるほど、勘違いし傲慢な態度や行動を取る。コーチはそのような選手の鼻っ柱を早々にへし折らなければ、チームワークに支障をきたす。このような選手は、その親やジュニア時代の指導者のDNAを受け継いでいるケースが多いのである。筆者はリクルートにおいて、スキル、体力、将来性を観察すると同時に、選手のパーソナリティや指導者、両親の行動や態度をも観察項目の一つに位置付けている。選手は、素直で謙虚さをもち自己中心でなく、仲間とともにチームワークの価値が団結して戦う集団の基礎であることを理解させる。

⑧強いメンタリティを育む

厳しく指導された選手は、可能性を最後まで追求する精神的な強さをもっている。モチベーションの高い選手なら誰でも粘り強さを身につけることができる。才能があるかスキルや方法を理解しているかも大切であるが、チームへの義務や責任をはたし粘り強く物事に取り組み、仲間から信頼され、自信と勇気をもち自己の無限の可能性を信じ、不屈の精神力を培う練習に耐えられた者だけが、勝者になれるものである。

多くの米国コーチが口にする「スキルよりウィル」という精神力の大切さを強調していることの考えを理解させることが、メンタリティ強化には重要であると思う。粘り強い選手は、逆境や困難、失敗などをくりかえし経験しながら精神力を育み、心配事に遭遇しても動揺せずリスクを恐れず立ち向かっていけるような能力を身につけ、自信につなげていくようになるのである。

⑨言い訳をしない

練習や試合において判断を誤ったり、ミスを犯したりしたとき言い訳をいう選手がいる。分刻みでプレーするバスケットボールでは、いちいち言い訳を聞いている余裕はないし、何よりもまわりの聞く側にとって不快に感じるものである。言い訳をする選手は自分を護り、失敗を認めたくない人である。言い訳をするより素直に謝り、できなかった理由を謙虚に伝えることが大切である。言い訳は見苦しいもので、言い訳をする人は覚悟や不屈の精神というメンタリティの弱い人に多く見受けられる。チームのために義務や責任をはたし団結して戦うバスケットボール競技では、このような選手は不適格な人である。何よりも成長を遅らせる行為である。何ごとも我慢強さがチームメイトからの信頼を得られるのである。

⑩ 冷静さを失わない

レベルの高い選手やチームは、どのようなことが起こっても短気を起こさず、冷静に粘り強く対処できる心の強さと柔軟性をもっている。試合に臨みさまざまな準備をしてきたが、相手の方が一枚上手で違った戦法でプレーされ戸惑ってしまい、カッとなって本来の自分たちがやらなければならないプレーを忘れ自滅してしまうことがある。

また、レフリーのジャッジメントの基準が曖昧でたびたびファールを吹かれ、冷静さを失う選手も多々見受けられる。日頃から予期せぬ状況に遭遇しても、慌てず修正、対応し、我慢強く自分たちのリズムに戻れるような適応力を養っておくことが大切である。相手あっての物種である。選手は展開に応じて対処できる適応力を身につけなければならないのだが、適応力の習得は経験が必要である。選手とコーチは一緒になって話し合い、予期せぬ状況に遭遇しても慌てず対応できる能力を練習によって身につけていかなければならない。この準備が緊張や不安、ストレスを予防しプレーの質を向上させる。

⑪失敗したことは早く忘れる

バスケットボールの試合において、ミスなくプレーが行われることは少ない。しかし、ミスを犯したことで流れが変わり、結果的に敗戦につながるケースは多々見受けられる。これはミスを犯した選手が心理的にチームに悪いとか迷惑をかけ申しわけないと自責の念にかられ、プレーが消極的になり精神的にも混乱に陥り集中力を欠きリズムを崩してしまうことが考えられる。

「失敗は成功の基」と多くの偉人が述べているなか、筆者はロバート・キヨサキの言葉を思い浮かべる。「勝者は負けることを恐れない、しかし敗者は負けることを恐れる。失敗は成功への過程の一部だ。失敗を避ける人は成功も避けることになる」。何が起ころうと不屈の精神でチャレンジし、くよくよ考えすぎないで気持ちを切り替える心構えの訓練が肝要である。失敗は早く忘れることである。

⑫シリアスに考えすぎない

筆者の恩師、元ハワイ大学ヘッドコーチ　ライリー・ワレスは試合前、過緊張の選手たちを前にしてのミーティングでは集中させながらもウイットに富んだジョークでリラックスさせることが上手であった。人間いつも緊張感や集中力を持続することは難しい、特にプレッシャーのかかった大一番を前にした練習や試合ではシリアスになりがちである。選手のパーソナリティは十人十色である。真面目な選手ほど、繊細で緊張に陥りやすい。ほどよい緊張感は集中力を生み出し、よい方向につながるが過緊張はプレーの萎縮を生み出す可能性があり、適度なリラクゼーションは必要である。笑って試合に入れるような余裕も必要であると考えている。

過酷な競争社会でバスケットボールを通じて結果を出しながらも、人生においても勝利を収めてもらうこと、すなわち幸せで多くの人々や社会から信頼や尊敬を寄せられる生涯を送ってもらえる人材育成を念頭に指導にあたっている。いくら優秀なバスケットボール選手でも、一人では結果を出せない。多くの仲間の支えや協力があってはじめて成長できたと考えられる謙虚さや感謝の心をもち続けられるかである。自己中心的な人間では誰も協力はしてくれないであろう。筆者のコーチとしての指導理念は、バスケットボールを通じて以上のような人材を育成することである。選手たちにはスローガンを提示するのと同様に、筆者は人生において成功を収めた先人の生き方や哲学についても紹介したり、意識させるように取り組んでいる。バスケットボールや人生で成功を収めることはたやすいことではない。うまくいかないときでもあきらめず、失敗の原因を分析し、工夫を凝らしてチャレンジをしていく不屈の精神が必要で、努力することの大切さを理解させることが肝要であると信じている。

19 ガバナンス

尊敬し信頼するコーチの下、チームが勝利という目標に向かって厳しい練習にも耐え努力を続けていくには、チームの団結が必要不可欠である。しかしながら、選手個人はさまざまな性格、育ってきた文化や多様な価値観をもっている。優秀なコーチはそれぞれの個性を尊重しながら、チームをまとめ目指す方同に選手たちを導いていく。それにはチームの共通理解をはかるチームコンセプトが大切である。チーム状態がよいときは問題になることはあまりないが、不調に陥ったときなどは勝手な行動をとる選手も出てくる可能性がある。チームのガバナンスが崩れれば、不調から脱却するための修正が利かなくなり、ますますチーム事情が悪くなってしまう。不調に陥った要因を分析し、選手たちと充分なコミュニケーションをとり、事態の改善、修復に取りかかる手腕をもつのが優秀なコーチである。

筆者の経験からチームのガバナンスが崩れる要因は、責任感の希薄な選手、自己中心的な性格の選手が導火線となり、チーム事情悪化に拍車をかける。天理大学は、天理教宗教法人が経営母体の大学である。その経営スタンスは、営利目的ではなく、将来「世のため、人のため」に尽くす人材育成を柱にした運営を行っている。他大学と比較しても安価な授業料、学生寮を提供している。選手たちはこの経済的な魅力からも多く入部してくれているのである。筆者のリクルートの戦術はこの点を売りにして広報活動をして、効果を上げているのである。また、教職員の先生方の献身的な対応も大きなセールスポイントにつなげているのである。

さて、ガバナンス崩壊の要因になりがちな無責任、自己中心な人物の行動パターンの例を述べたいと思う。一つは寮生活を送っていた学生が上級生になるにつれ、一人暮らしを欲するようになり、退寮してアパート暮らしをしたいと申し出てくることがある。筆者は、入学前から食事が3食付いて、光熱費、お風呂も含めての費用は破格のひと月4万6000円であり、何よりも食事付きであれば、健康面でのリスクを回避できると話すが、入寮許可をいただき入れてもらったにもかかわらず、気楽なアパート一人暮らしを望み退寮していく学生がいる。もちろん、彼らの主張も理解できる。自分たちの実家では自分の個室があり、寮では二人ひと部屋だから不便さも否めないこともあるであろう。寮自体も老朽化しており、もっと美しいところに住みたいであろう。また、最低限の規則もあり、一人暮らしのような自由さは少ないかもしれない。しかし、それぐらいは我慢して、今よりはさまざまな古い規則や寮生活の問題点を改善して後輩たちのためによりよい寮生活が送れるよう、考えることができないかと思うのだが、残念ながらそういう学生は少なくなっている。そんななか、2回生の岩田君は筆者の話に耳を傾けてくれ、後輩たちのため、寮に留まって、現状より改善した寮を構築する覚悟を示してくれた。なかなかの人間である。自分のことしか考えない人が増えていくなか、彼のような後輩やチームのために尽くそうとする責任感をもった人材はチームのガバナンスを保つためには大切なことである。

もう一つは、4回生を目前にして就職活動の準備のため、部活動を休部して、その対策に時間を充当したいので休部を申し出てくる一部の学生がいることである。おそらく、試合に出られる機会もベンチメンバーにも入る機会もないと判断して、大切な就職活動に集中したいと考えての申し出であると推測できるが、他大学でも自分たちの仲間でも歯を食いしばって部活動と就職活動の両立にがんばっているにもかかわらず、自分のことを優先し就職活動が終われば、また復帰したいという考えの学生が出てくるようになってきた。この学生たちの気持ちも痛いほど理解はできる。しかし、文武両道を掲げチーム運営をしているコーチ、スタッフ、選手たちには少し温度差のある行動ではないかと思われ、2017年度からは両立するか退部して就職活動に専念するかを決断させるようにした。休部を申し出てきた学生たちは、将来において途中で部活動を辞めたというキャリアをつくりたくないだけで、いかにも自己中心的な判断の学生と思わざるを得ない。そして、そのような学生のなかには、スポーツ推進入試で入学してきた者もおり、無責任極まりない言動であると思わざるを得ない。このようなご都合主義的な考えの学生は、チームにおけるガバナンス崩壊につながる危険性をはらんでいると考えている。筆者も老人の域に達する年齢になった。ここまで生きてきて、自分勝手なご都合主義の人間が多くの人から尊敬や信頼の念をもたれたり、大成した例はあまりお目にかかったことはない。バスケットボールを教育の一環として位置付けているチームのコンセプトには合致しないと考える。苦しいけれど文武両道を貫き通す気概をもってほしい。くりかえすが、レギュラーで活躍する選手も、ベンチにも入れずとも縁の下からチームのために貢献する選手も同じ価値を有している。大切なのは継続してやり抜く精神をもつことであると考える。卒業生の多くは中高の教員を目指し、実際に教員になり、バスケットボールのコーチとして指導にあたっているOBも多くいる。「名選手、名監督にあらず」というたとえがあるが、試合に出たこともなかった選手が指導者となって羽ばたいて活躍している例はよくある。我慢と工夫を部活動で身につけてもらいたいと切に願っている。

20

積極的な性格をつくる

精神医学者のクロニンジャーによると「パーソナリティー」には7つの因子があり、そのうちの「新規性探求」「損害回避」「報酬依存」「固執」の4因子（気質）は遺伝の影響が大きく、「自己志向」「協調」「自己超越」の3因子（性格）には、環境の影響が大きいとされている。明るくて、積極的な人は人望があり、まわりからも好かれている印象がある一方で、消極的な人はどこか暗いイメージがあるものである。この性格は普段の生活だけでなく、スポーツや仕事にも大きな影響を及ぼす。

コーチは遺伝的な影響下にある4因子（気質）はさておき、環境の影響が大きいとされている3因子（性格）について、消極的な選手の性格を改善させるアプローチが必要である。筆者は、これまでポテンシャルな能力をもちながら活躍できなかった選手をたくさん見てきた。

次にあげることは、筆者が実践している消極的な性格を改善させようとしている試みのなか、これまで蓄積されてきた消極的性格の予想因子の背景や改善案である。それぞれの選手に当てはまるものを参考にして対処してほしい。

1 消極的な性格を直したいなら、他人に褒められた自分を思い出す。（自信をもつ）
2 ありのままの自分が他人に与えられるものを知る。（自分のよさを再確認する）
3 消極的な性格を改善するならいつもと反対のことをする。（気付き）
4 消極的な性格を直したいなら人の目を気にしすぎない。（我が道をいく）
5 空気を読むなんて考えない。（悩まず、自己主張する）
6 おしゃれして前を向く。（おしゃれで注目される）
7 自慢できることが何もないため自信がもてない。（努力して特技をもつ）
8 子供のころに親から否定されて育った。（改善には時間がかかる。）
9 努力しても結果を残せないと自信がもてない。（結果を出す）
10 幼少期の親の躾。（積極性の意義を知る）
11 消極的な性格の原因を知る。（原因を調査）

以上のなかから消極的な性格を改善するヒントを見つけ出し、積極的な選手の育成を図ってもらいたいと願う次第である。やはりいかにして自信をもたせるか、回復させるかが重要なポイントだと考える。時間はかかるが根気強さが求められる。ロボット化されてきた選手は、主体性をもった判断と行動が不得手である。徐々に自分自身を変えようとする意識改革を促すように仕向けなければ積極的な性格は身につかない。

21 ミスを恐れない

バスケットボールの試合では、ミスはつきものである。筆者はシーズンを通じてミスを減らしていくように段階を追うように指導をしている。シーズンはじめのまだチームができ上がっていない内から、あまり厳しくミスを詮索しすぎると選手は萎縮し、ミスをしないようにと消極的になり、安全なプレーに走りすぎる傾向が出てくる。思い切りのよいプレーができなくなれば、相手チームに先手を取られ後を追いかける苦しいゲーム展開に陥ってしまう可能性がある。バスケットボールはミスのスポーツである。選手はミスを少なくしていく努力を続けていかなければ、シーズンが深まれば命とりになる。ただ、シーズンを通じて絶対、徹底させなければならないことは、ミスの後どうするかを理解できるようにすることである。もちろん、ゲット・バックして守り返さなければならない。この攻守の切り替えは、意識と責任感だけである。やる気があれば訓練次第で誰でもできることである。しかし、現実には相手ディフェンスのファールに対し、レフリーがホイッスルを吹いてくれないとか、味方のコンビネーションが悪く、シュートミスやパスミスになってしまい、腹を立てゲット・バックしないケースが弱いチームほど多い傾向がある。バスケットボールの基本はシュートの後はオフェンスリバウンドに参加し、取れなかったらゲット・バックして守り返すことが基本中の基本である。リバウンドにいけないときは、セイフティーに備えブレークダウンさせないように習慣づけることも基本である。得てして、パスミス、キャッチミスやイージー・シュートを落とすことなどに目が注ぎがちであるが、バスケットボールのファンダメンタルを理解させ、それを怠ることもミスであるという認識をもたせなければならないと考える。味方からパスを受けたなら、フェイス・アップしてリングを見てシュートを狙うとか、相手にシュートを打たれたらボックスアウトしてリバウンドにいかせないことなども履行しない選手は、ミスを犯していることになるのである。米国NCAAの全ての選手は、ファンダメンタルが徹底していて、日本の大学の選手たちとは、最も差があるところだと思う。

22 学生の本分とは

我が国の伝統的な文武両道の哲学は、武士の世界でその子弟たちに、学問と武術に励むことが武士道の理想とされてきた歴史があり、明治以降もこの伝統は受け継がれてきた。学問をすることにより、新しい知識や先人の教訓に気付かされる。日常生活の管理や、人生に関する諸事全般をどのように展開していくべきかの基礎知識を身につけることができる。いわゆるバランスのよい人生をおくる術のヒントを思考することによって得られるのである。

しかしながら、昨今の学校現場では、勉強を中心とするクラスと部活動を中心とするクラスに分けて運営を図る学校が私立高校を中心に増える傾向になってきた。具体的にはスポーツを広告塔と位置付け、勉強より部活動の効率化だけを優先する学校経営である。まさに日本の伝統的な文武両道文化の崩壊につながる学校教育の実践になってきているのである。「文武両道」のところでも述べたが、元ラグビー日本代表ヘッドコーチのエディ・ジョーンズ氏も野球評論家のマーティー・キナート氏も、日本のアスリートたちが勉強をしないで、スポーツばかりしている状況について危惧し批判している。筆者の大学にもスポーツ推薦で入学してきた学生たちがいるが、スポーツのエリート校からきた学生ほど、勉強をしない。頭が悪いとかの問題ではなく、高校時代それぞれの部活動での練習が厳しい状況であり、勉強する時間もなく、また、その必要性を指導されたこともなかったため、勉強の価値や習慣、やり方が身についていない学生が八割ほどいる。その学生たちにいつもいう話だが、プロフェッショナル・チームに仮にいけたとしても35歳ぐらいが選手生命のリミットである。85歳まで長生きするならば、リタイア後の50年間どのように生きていくのかと問いかける毎日である。このような現状はスポーツの文化的価値を下げる。勉強もスポーツも人並みにできるスポーツマンはすばらしいと賞賛される文武両道文化の復活を期待したい。

23 時間厳守

バスケットボールは、時間との戦いのゲームである。筆者のチームコンセプトは「ディレイゲーム」で攻撃回数を減らし、ディフェンスをがんばってロースコアーの展開にもちこむ戦略である。必然的に時間と得点差をたえず意識して戦うので、1秒たりともおろそかにはできない。練習の開始時間に遅れてくる選手がいれば、チームのガバナンスにも影響し、練習メニューをしっかり消化することができない状況に陥る。悪い習慣が芽生える可能性もある。筆者は、時間厳守がチーム強化には、欠かせないと捉えている。少しくらい、大目にと考える選手がいるチームは、連続して結果を残すことはできない。小さなことと思うかも知れないが、一致団結することは、時間を守るということから出発できると断言したい。何ごともチームで決めたことは徹底する姿勢が大切である。

2016年 西日本大会　優勝

24 モチベーションの効果

バスケットボールは、スキルや作戦、戦術に劣らずメンタル面も重要である。選手たちのモチベーション高揚には、情熱、エネルギーをもたらす必要がある。コーチ、選手双方が情熱的、効果的、生産的な練習を一生懸命やることによって高いモチベーションを保てるものである。チームが苦境に立たされているときには、団結力を支えているモチベーションの高さがピンチを救うものである。コーチ、選手はいかにしてモチベーション向上、維持を図るべきかに真剣に向き合わなければならない。筆者自身も他のチームにおいてもこれまで苦境を克服してきたチームを見てきたが、それらのチームは全て高いモチベーションを兼ね備えていたチームであった。

25 試合に臨む心構え

実際のゲームに臨む際、誰しも緊張感や不安感を心に抱くものである。この張り詰めた臨場感をうまくクリアーする術をもち合わせ、指導することができるかが優秀な結果を出せるコーチの手腕である。何ごとにも恐れない、冷静沈着で大胆不敵な心構えを日常の練習や生活において教え意識づけを図ることが勝利を目指すための鍵になる。筆者は長年の経験から、素材的にはすばらしい選手にもかかわらず、メンタリティの未熟さから伸び悩む選手を多く見てきた。２０１１年のインカレで第３位になったときの清水陽平選手はまさにこのタイプの選手であった。勉学においても優秀で性格も申し分ない「ナイスガイ」の人間だったが優しく真面目、バスケットボールのキャリアはあまり高くない人間で、人一倍努力し我々の意見にも素直に耳を傾けるキャラクターのもち主だった。筆者が次にあげる心構えを実践し大きく成長をはたし、チームに多大な貢献をしてくれた。卒業後、台湾の中国文化大学大学院修士課程に進学し、中国語もマスターして優良企業で現在は活躍している。つぎに挙げる筆者の考えは、バスケットボールというスポーツにとどまらずどんな社会においても活用できるものであると確信している。

ここでは、今まで述べてきたことも含めて、試合に臨む心構えについての50の要点をまとめておく。

①プレッシャーを楽しむ

誰しも重要なゲームでは緊張したり、考えすぎたりしがちになるものである。この状況はライバルチームの選手たちも同じであろう。筆者は常日頃から選手たちにプレッシャーを克服する心のもち方がスキルや戦術以上によいパフォーマンスが出せると説いている。「プレッシャーを楽しもう」とする意識的な思考回路は、訓練や経験で培われていくものである。コーチも同様である。

②感謝の心でプレーする

両親、コーチ、チームメイトや多くの人たちに支えられて試合に臨むことができていることに感謝し、謙虚な気持ちで戦うことはまわりの人たちに感動を与え更なる応援をしてもらえるようになるものである。自分一人でプレーするのではないことに早く気づければ、よいパフォーマンスが期待できる。

③有利な展開のときとそうでない状況のときの戦い方を変えなければならない

うまく試合展開が進んでいるときは何をしてもうまくいくが、相手より劣勢に陥ったときは違ったプレーの仕方をすることが状況を変えることにつながる可能性がある。うまくいかない状況でもプレーのやり方を変えずに同じプレーをくりかえし敗れ去っていくチームがあるが、コーチは状況に応じた戦術をもち合わせていなければならないと考える。コンディショニングにおいても同様でよいときとそうでないときの戦い方も分けて準備する必要がある。結果を出せるコーチは「将棋」や「ポーカーゲーム」と同じように引き出しを多くもつことである。

④この試合の経験が将来の成功につながるような戦い方を意識させる

試合において対戦相手の強弱や、勝つときとそうでないときのようにさまざまな状況が生まれてくる。相手が弱ければ、手を抜いて簡単に試合を消化してしまうチームがある。逆に遥かに自分たちより勝っている強いチームと対戦したとき、粘り強く抵抗し試合を捨てないチームとあっさり負けてしまうチームがある。皆さんはどちらのチームの部類に入るだろうか。筆者は選手たちに、どのような相手であれ試合展開であれ、全力でプレーすることを求める。試合は普段の練習と違い選手の意識のもち方でとても貴重な練習になると考えている。対戦相手の実力や強弱、勝ちゲーム、負けゲームに関係なく将来の成功につながる体験をしなければもったいないかぎりである。試合を支えてくれているレフリーやオフィシャルの方々、応援してくれている両親、チームメイトやファンにたいして失礼極まりない結果になる。いつでも次を見据えて全力でプレーする選手やチームの将来は明るいものになる。イソップ物語の「ウサギと亀」の話はスポーツでも人生においても貴重な話で真実なのである。

⑤うまくいかないゾーンに陥ったとき、選手もチームもこれまでのコンセプトを変えないで貫く

試合でも仕事においても成果が得られないときがある。このような状況に陥ったときは悩み苦しむものであるが、新しいやり方を模索するよりも今までのプレーや考え方をぶれないで徹底して貫く信念や姿勢が打開策につながる。右往左往しないで自分やチームメイトを信じ我慢して取り組み続ければきっと自分たちの流れを取り戻せる。どしゃ降りの大雨もいつかは止むものである。前向きにあきらめない強さが求められる。

⑥うまくいかない状況でも成功体験時のメンタリティを思い出す

今までの成功体験時のプレーや行動を思い出し、不屈の精神で努力を継続する。弱気になり、駄目だと思うともっと駄目になるのでプラス思考で前向きにプレーすることが重要である。

⑦何が大切かを考える

ことがうまく進まない展開のなか、何が大事かを見極め集中する。うまくいかない要因はたくさんあると思われるが、優先順位を考え改善するべきことを明確にして対応を図る。賢い選

手やチームは、この状況分析能力が優れて修正を素早くやってしまうものである。コーチは強いリーダーシップと責任感を備えた「賢く行動する」選手を育成しなければならない。

⑧効果的なリラクゼーションの考え方を習得する

試合は戦いである、相手を打ち負かさなければ勝利を得ることはできない。どのようなレベルの選手でも試合がはじまれば緊張し、プレッシャーを感じるものである。緊張は、よい思考や判断を停滞させることもあり、昨今のコーチングにおいてはリラクゼーションの重要性が取り入れられいかに選手たちによいパフォーマンスを提供できるかを考慮する傾向が見受けられる。しかし、過緊張はマイナス面が大きいが適度な緊張感はよいパフォーマンスを生み出すものである。その効用をまちがえ、なんでもリラックスさせるコーチが多くなっている。しかしながら結果を出すコーチは適度なリラクゼーションと緊張感のすみわけ型を熟知して使い分けを図って好成績を残している。

⑨対戦相手のキャリアを気にしない

対戦相手がどのような強さかによって、萎縮したり、過緊張に陥る選手がときどき見受けられるが相手のキャリアなど気にしないで自分のペースでやり続ける強い覚悟が必要である。逆に相手が弱ければ簡単に考えて相手に合わせて戦い、勝つには勝つのだが苦戦して次につながらない試合をしてしまうチームがある。自分たちの将来を見据えれば対戦相手のキャリアを考えずに自分たちの戦い方を徹底することが大切である。試合に出場できないチームメイトの心情を考えれば、どのような相手であれ、いつも自分たちのペースで、全力で戦い抜く姿勢は共感を呼び起こし、信頼関係を育みチームワークの構築につながる。

⑩チームの将来を考える

対戦する試合には集中して結果を残さなければならないが、選手個人でもチームとしても将来を見据えた目標や見通しを考えて戦う戦略も必要である。このようなビジョンをもち、今の試合だけでない将来への成長も思い描く戦いをするようになれば一段高いところから考え余裕も生まれてくる。

⑪どのようなことであれ、勉強と考えて行動する

バスケットボールを通じてさまざまなことに遭遇する機会が生じる。不合理で納得できないことや人間関係においても波長の合わない人との出会いなど、行動する範囲が広がれば困難も待ち受けている。人生山あり谷ありは世の常である。一歩ずつ何ごとも勉強と考え行動することである。

⑫試合の前に過去の失敗を思い返す

誰しも失敗はするものである。現在成功を収めている人でも順風満帆で今の地位を築いた人は少ないだろう。賢く行動する人は同じ失敗をくりかえさない人で、試合前もう一度過去の失敗を思い返し二度としないように対策を立てる習慣が成功へのステップになる。

⑬大きな勝利の後には満足しない

継続して成果をあげていく人は、大きな勝利の後でもほっとしたり満足したりせず常に高い目標に向かって努力を続ける人である。ハングリー精神をもち続け今よりももっとよくなりたい、強くなりたいと新しい戦術の開発や改善に取り組むチャレンジャーでなければ真のチャンピオンにはなれないだろう。

⑭どのような対戦相手でも自分の戦う哲学を貫く

実力的にそんなに強くない相手と対戦するとき、軽い気持ちで試合に臨み、なかなか本来の調子を発揮することができず終始相手のリズムでプレーさせられる場合がある。皆さんも経験があると思うが勝利をあげることができても後味の悪い試合を余儀なくさせられてしまうケースである。試合の入り方が問題だがとにかく、我慢強く基本的なプレーを地道に行うという心のもち方が求められる。油断は大敵である。

⑮最後の勝利だけを考えず試合の進め方を考える

勝てばよいだけでなく、どのように試合を展開していくかというバランスが大切である。試合中いかにして主導権を取れるかは選手がコントロールできる能力をもち合わせているかである。勢いだけでなく、相手の長所短所を見極め、どのようなプレーに今集中するべきかの判断力は冷静な心から生まれるものである。経験値はもちろんだが日頃の練習において、たえず問題意識をもたせる訓練いわゆる「thinking basketball」の実践である。

⑯成長には自信をつけることである

将来性にあふれた選手でも自信のなさからよいパフォーマンスを発揮できないで伸び悩んでいるケースが時々見受けられる。筆者のチームにもこのような、ポテンシャルは高くすばらしい素質があるにもかかわらず、自信がないため結果を残せていない選手たちがいる。チームとしても選手個人としても残念なことである。どのように自信をつけたり、回復させ成長を図れるかは、コーチ、選手にとっては大切な課題である。筆者は、今は自信がなくても過去の成功体験やよいプレーを思い出させよいイメージをもつように指導して自信をつけていくようにしている。

⑰ 失敗したり、まちがったりしても常に前向きでいる

練習でも試合でもうまくことが運べればよいが「相手あっての物種」でいつもうまくいくとは限らない。準備してきたプレーがうまくできる方が少ないのではないか。失敗やまちがいを犯す状況に陥っても決して慌てず、常に前向きに切り替えられる強いメンタリティを育まなければならない。

⑱ 試合に集中している

対戦する相手が強かろうが弱かろうが、試合がはじまればあれこれ考えず試合だけに集中し自分たちのプレーを徹底し勝利を目指すべきである。戦いにおいてよい結果を得るには集中力の持続は大切であり、日頃の意識づけから獲得できることである。

⑲ 試合の入り方は結果を左右する

試合の入り方はあまりリラックスしすぎず、適度な緊張感も必要である。最初から自信をもってプレーし、主導権を取ることが展開的にも重要である。試合の入り方がよければ、どのような強敵にも有利な戦いができる。

⑳積極性は必要不可欠である

多くの選手たちは試合でうまくプレーすることができないとき、恥ずかしいとか、みんなはどう思うかなどを連想しがちになるものである。そのような状況になってもそれを乗り越えて向かっていく積極性がピンチから救う手立てになるものである。

㉑試合は誰のために戦うのか?

試合観戦に親、友人、チーム関係者がきている場合、選手はその人たちのためにやるのではなく自分自身のためにやるという強い決意が大切である。優先順位をまちがえないことである。母校のため、地域のためは結果から後についてくるものである。

㉒試合のゲームプランを立てる

試合に先立ちどのように戦うかのゲームプランを立てる習慣は大切である。選手は試合に臨む際、柱になるゲームプランが明確であれば苦しい展開のなかでも対応しやすくプレーできる。特に延長戦になったとき最初のゲームプランを再確認して集中するべきである。たとえよい結果が得られなくても団結して戦い抜くことは次につながる試合になり、ゲームプランの修正を行えばよい結果への展望が開ける。

㉓勝利するのが普通になる

精神的にどのような相手と対戦しても勝利するのが当たり前になるようにする。自惚れた気持ちでなく自然体でやるだけの準備をすることによって自信が芽生える。

㉔試合の結果を分析する

試合後、自分の気持ちと実際の試合でのプレーぶりを分析して、うまくいかなったときでも自分を責めないで気持ちを切り替え、フレッシュな気持ちで次の試合への準備をする。

㉕よいコンディショニングを維持する

自分の力を集中して、一番よいコンディショニングをつくり次の試合への準備を怠らない。自分自身のプレーもチームの結果も思わしくないとき、くよくよせず常に前向きに明るくふるまう。

㉖新しいプレーへのチャレンジ

あまりうまくプレーがいかないとき、いつもながらのプレーばかりしないで違ったプレーにもチャレンジする。相手チームもたえずスカウティングをして対応してくるので、プレーの幅を広げることも対策として準備するべきである。たとえばスリーポイントシュートを打ったことがない選手が打つようにするならば、相手は対応に苦慮するだろう。

㉗ 先手必勝の精神で準備する

試合の主導権を握り有利に自分たちのペースで戦いを進めるのは、勝負事には欠かせない試合への入り方である。いわゆる「スタート・ダッシュ」で先手をとることで、試合に臨む際の心の準備をいかに高めるかが重要である。それにはウォームアップのときから集中し、試合がはじまればすぐに力が出せるように賢く行動するスキルを身につけさせる。

㉘ 選手の将来への成長か、今現在のスキルアップ開発を図るべきかの優先順位を考える

4年間の大学生活でいかに成長させるかを普通漠然と考えがちである。しかし1年生からでもすぐに活躍できる選手もいる。このような選手にはすぐ様現状のスキルを改善向上させるように取り組むべきである。「鉄は熱い内に打て」である。

㉙ ケミストリーの改善

ケミストリーという言葉は90年代、米国スポーツ界でチームワークを要する集団行動などに広く使われるようになった。人との「相性」の意味でチームワークや信頼関係などによってプラスαの価値が生じることやその結束力をさす意味で使われている。実際のコンビネーション

が冴えるプレーはこの相性のよさ、すなわちケミストリーが選手どうしに身についているかで発揮される。筆者は日本のスポーツ文化の特徴である各学年間の上下関係を撤廃することがチーム力をあげることと考えているが、既得権をもった上級生の抵抗に合い、なかなか前に進まない。合宿や遠征とき、部屋割りで上級生と下級生が仲よくなれる手立てに同室を勧めるが、知らない内に仲のよい同学年どうしがかたまってしまう傾向が見受けられる。性格、キャリア、スキルが違う選手どうしが互いに信頼関係を築くためにはケミストリーの意味をよく理解し、チーム力を上げるには互いに尊重し合うことが必要である。団結力を高めチームの意識も方向性も一致するには相手に合わせるケミストリーの価値を認識しなければならない。

㉚ 短気を起こさず、平常心をもち続ける

試合は何が起こるか分からない。どんなことがあっても短気を起こさず、顔に出さないで平常心を装い冷静沈着にプレーすることを心がける。カッとなればよいアイディアは生まれない。ピンチに陥っても仲間とハドルを組んで焦らず当初のゲームプランを思い出し自信をもってプレーする。今どのようなプレーをするべきかの選択が試合の流れを左右する。動揺すれば、相手の思うつぼにもなるし、味方の選手にも悪影響を及ぼしかねない。我慢強く本来の自分たちのバスケットボールペースを冷静に継続する。

㉛ 忍耐力

どのような相手でも、勝利をあげようと戦ってくるので簡単にはことは運べない。試合展開で思うようにプレーができないときなど、イライラする性格の人は自ら崩れ去って自滅していく場合が見受けられる。このような選手は「ヨガ」などを体験して忍耐力を培うことも必要である。技術や体力の高さは目に見えるものであるが、心の強さを明確に捉えるのは難しい。筆者はリクルートの際、スキルや体力の観点よりも心の度量についても評価するようにしている。

㉜ ユーモア精神

厳しい戦いのなかでは、自分たちにとって不都合なことも多々起こりうる。そのようなときでも笑ってすごせるような選手になることは、場のムードを一変させチームをよい方向に向かわせる。シリアスばかりではなく、ユーモア精神も大事でケミストリーの構築にもつながる。

㉝ 初志貫徹の意志力

試合中レフリーの判定がまちがったときでも短気を起こさず、いつも通りのプレーを徹底して貫く強い意志力を備える選手は成長できる可能性が高い。逆に不満をあらわにして崩れ去ってしまう選手は、チームメイトから尊敬や信頼も勝ち得ない。何が起ころうとも初志貫徹の精神を備えていれば乗り越えられる。

㉞ネガティブ思考を除去する

さまざまな理由からうまくことが運ばないと、何ごとにおいてもネガティブ思考に陥りやすくなるものである。そのような状況に陥ったとき、選手にはネガティブな考えをもたないよう常に前向きになるよう指導する。不屈の強い心の育成と気分転換へのバリエーションをもち合わせることも必要である。

㉟どのような相手と戦うときでも同じ姿勢で戦う

ともすれば対戦相手によって軽く考えたり、過緊張に陥る選手がいる。対戦相手が弱かろうが強かろうがいつも同じ姿勢で戦う選手は安定した結果を残せるものである。たえずチャレンジ精神を忘れない。

㊱どのような状況下でも自己否定しない

自分がミスを犯したりしたとき、自分はダメだと思わないようにして自己否定しない。ミスを犯しても、次にやることはたくさんあり、気持ちを切り替えてハッスルする心のもち方を身につけさせるべきである。くよくよしている時間はなく、積極的な姿勢をもつことが何よりも大切である。

㊲重要な試合では、考えすぎないで開き直る

誰しも重要な試合、勝つか負けるかのときは勝利を目指して考えすぎて緊張しがちになるものである。筆者はこのようなとき、選手たちに「当たって砕けろ」の精神をもつよう指導している。これは私の恩師である元ハワイ大学ヘッドコーチのライリー・ワレスがプレッシャーのかかった重要な試合前、ミーティングで「Go for broke」の気持ちで戦い抜けと檄を飛ばしていたことを受け継いで活用させてもらっているからである。考えすぎて消極的になり自滅して負けないよう開き直る心のもち方を示唆していることである。このフレーズは太平洋戦争当時、ハワイ日系人二世の兵士たちがスパイ容疑の汚名を晴らすため激戦のヨーロッパ戦線に志願し、多くの犠牲者を出しながらも大活躍した事実のなか、生まれたフレーズをコーチライリー・ワレスは活用していたと思われるが、この開き直る心のもち方はプレッシャーのかかった大一番には必要である。

㊳失敗したらすぐ忘れて次の試合に集中する

試合中、ミスをして敗退したときいつまでも失敗したことを気にし、チームに迷惑をかけたとか過度な責任感をもって悩む選手がいる。将来的に成長して結果を残していく選手は、失敗はすぐ忘れて次の試合に集中する切り替えがスムーズにできる選手である。この切り替えの仕方を覚える図太い精神力はたえず意識づけの訓練によって身につけられる。

㊴短気は損気である

誰でも怒りでカッとなることはあるが、試合ではできるだけ出さないで冷静に対処する。我慢強く冷静沈着な考えや行動は失敗も少なく試合においてはプラス面が増えるものである。我慢強い大人の対応が成功へのステップである。

㊵あなた自身の体力を信じなさい

過酷な戦いにおいて勝敗を左右するのは肉体的にも精神的にもタフな体力差がものをいう。まさに体は資本である。しかしながら筆者は「柔よく剛を制す」の精神を指導の根幹においている。体力差は歴然であっても「柔らかく、しなやかな者こそがやり方によって弱いものでも強い者を倒すことができる」賢者は強者に勝るという理念を体力の考え方に位置づけている。

㊶勝負に絶対はない

勝敗の行方が決まりかけているときでも、真剣な気持ちを緩めず最後まで心を引き締めて戦うことが大切である。勝負には絶対はあり得ないし、勝利しても次につながらない試合になる可能性が出てくる。油断は排除しなければならない。

㊷呼吸法は落ち着いてプレーするためのルーティーンとして活用する

米国のコーチは興奮している選手たちに「Take a Breath」、ゆっくりと息を吐くことを勧める。この動作は冷静さを取り戻したり、疲れているときなど集中力をリカバリーさせるためのアクションと捉え、実践させている。特にフリースローの確率を高めるには効果的な方法である。筆者は大げさに「オーバーアクション」をさせて取り組ませている。特に精神的に弱い選手には、ぜひ取り入れてほしいものである。筆者のチームは2017年度はここ10年間で最悪のシーズンであったがフォワードの榎本一輝の高確率のフリースローで救われた試合が多々あった。しかしながら、昨年までの彼のプレーぶりは心の弱さからの失敗の連続であった。今シーズンはこの呼吸法を会得し、大きく成長を遂げてくれたことはコーチとしては嬉しい限りである。

㊸緊張を和らげる心をもつ

誰しも試合を目前にひかえれば緊張するものである。常日頃から緊張しすぎない心をもつことを意識していればリラックスできるようになるものである。不安であった試合も楽しめるようになると自ずから結果もついてくるものである。不安や緊張を楽しむことにおき換える意志力が大切である。筆者は江戸時代後期の米沢藩主、上杉鷹山が家臣に詠った「為せば成る、為さねば成らぬ何ごとも、成らぬは人の為さぬなりけり」の一節をコーチングの基本において意志力の大切さを認識するようにしている。

㊹どのような試合においてもコントロールする

選手が練習の成果を発揮するのは試合でのパフォーマンスである。重要な試合になればなるほど張り切り、積極的にプレーするものである。あまりにも気合が入りすぎてミスを犯し、波に乗れないことがある。コーチはこのような若い選手たちには張り切りすぎないでセルフコントロールできる余裕ももち合わせるよう指導してほしいものである。若い経験値の少ない「暴れ馬」的選手には落ち着かせコントロールする必要がある。

㊺試合における間合いを有効活用する

バスケットボールの試合はオフェンス、ディフェンスが交互に行われる。ファールが起これぱプレーは止まるし、また、フリースローも少しの時間は止まる。そのような状況の合間に選手たちに冷静に対処できるようハドルを組んでコミュニケーションを図ったり、呼吸法を使ってリラックスさせることもよい結果を出せるコーチの指示になる。選手もコーチも一秒たりとも無駄にせず自分たちにプラスに成るよう、貪欲に勝ちにこだわるべきであろう。

2016年 リーグ戦

㊻試合での自分の目標を設定する

それぞれのチームにおける個人の役割や期待されているプレーの質や到達度はあると思われる。たとえばリバウンド10本、フリースロー90%、得点20点など自分自身の目標値を設定すればその目標に向かって進むことができ、漠然とプレーするよりは明確な判断のもとでプレーでき、集中して効果的なプレーが生まれると考えられる。

㊼コーチと選手の信頼関係がよい結果をもたらす

コーチの人間性やふるまい、行動、哲学の評価は、選手たちからの信頼や尊敬に大いに関係してくるものである。結果を出すコーチは無私無欲で情熱、勇気、大胆不敵でありながらも選手たちに思いやりをもち、失敗をくりかえす選手たちを勝利に導いていく人である。いくら結果を出しても傲慢でたえず上から目線でのふるまいや行動をするコーチの人間性を選手は見抜いており、尊敬や信頼を抱くことはない。コーチと選手は一枚岩のごとく、団結して戦わなければ当然よい結果は得られない。名コーチも選手あっての名コーチであることを肝に銘じなければならない。また、選手もしかりである。

成長してよいプレーができるようになり、結果もついてくるようになるとまわりも注目をしだし過大評価をするようになると「勘違い」するようになり、先ほどのよくないコーチと同じふるまいや行動をするパターンがある。チームメイトからは影口を叩かれ、よい評価を得られなくなり、チームワークが乱れ思わぬ相手に足元をすくわれ失敗をしてしまうケースに見舞われることがある。コーチも選手も謙虚さが大切である。

㊽あきらめない

バスケットボールの世界であっても人生においても成功を収めるのは簡単にはいかないものである。よいときもあれば悪いときもある。筆者は厳しい道を進んでいくのが大好きである。土砂降りの雨もいつかはやむものであるし、厳しい道も乗り越えれば心地よい達成感に浸れる喜びが待っている。厳しい困難を克服するためには「ネバーギブアップ」のあきらめない精神がよい結果をもたらすことになる。

㊾独立独歩の精神

試合でも人生でもうまくいかないとき、まわりのチームメイトがどのように考えているのかを気にしすぎるあまり、本来自分がやらなければならないプレーや行動の焦点がぼやけてしまうことが往々にしてある。うまくいかないときほど強い覚悟や決断力が必要不可欠である。

人が考えていることにいろいろ悩まないで自分の考える道をぶれないで進むこともよい結果につながものである。厳しい状況のなかでは独立独歩の強いリーダーシップが求められる。

㊿成功は小さなことの積み重ねである

体力、スキル、メンタリティなどの選手能力の向上も、チーム力の成長発展も、一朝一夕にはいかない。何ごとも日々の努力や研鑽の積み重ねがよい結果に結びつく。よい結果は設定した目標に向かって地道にコツコツと積み重ねていくことで得られる。とにかくあきらめないで努力を継続していけば時間はかかっても成功に近づくものであり、小さな積み重ねは大切である。『ローマは一日にして成らず』である。

あとがき

筆者は2018年3月末をもって神戸学院大学を定年退職することになる。1987年の着任から31年の歳月を経過したことになり、「光陰矢の如し」のたとえのごとくあっという間の出来事であった。思い返せば、さまざまな困難な時期もあったが、多くの先輩諸兄はじめすばらしい学生たちのサポートがあったればこそ、それらを乗り越えることができ、無事定年退職を迎えられたと心より感謝申し上げる次第である。

筆者は、何よりも自由奔放を好み、あれこれと指示されたり、決めつけられるのが大の苦手である。いい換えれば、わがままなのである。ただ、筆者自身のモットーは、自分が嫌だと感じたり、思ったりしたことは他人様には、絶対しないようにしている。バスケットボールのコーチングにおいても、選手たちの自主性を尊重するようにしているが、昨今のロボット化選手には、筆者の思惑と違う自由をはき違える選手たちが多くなってきている傾向をとても危惧している。やはり、自分で考え、判断して行動できる選手でなければ、一流の選手には成長できない。

我々は、人間相手の仕事であることを肝に銘じて指導しなければならない。ロボット化扱いの指導は、ある一定のレベルまでは早く到達できるが、それよりももっと上のレベルには、通用しない。よくプレッシャーのかかった試合で、コーチの顔色ばかり気にしているシーンを見かけることがあるが、選手たちのアイデンティティが育まれていないチームである。勝てば官軍ではなく、コーチは選手たちの人間性を尊重し、バスケットボールを離れても正々堂々と社会で生きていける人材を育成することが本書で一番強調したいことである。スポーツでは「飯は食えない」が筆者の持論である。

さて、本書を手にされたり、関心をもたれた方々のチームや組織は、成功するための環境がおそらく恵まれたものではないことが推察される。それとも発展途上チームのため、一流選手が集まらないチームだとも思われる。しかし環境も人材も一流でなくてもやり方次第で成功へのチャンスはあり、それをかなえるには、頭を使うことで可能性が出てくるものである。相手の弱点や裏をかいた駆け引きで能力差を補うインサイド・ワークで勝負することである。具体的には計画性、情報の分析能力、自チームの長所、短所がしっかり理解できるかである。チームの強化環境がすばらしく、超一流戦手が揃っていれば誰がやろうとも勝てるものである。しかし、そうでない環境や一流選手が揃っていないチームでは頭を使わず、工夫をしないで真っ向勝負をすれば１００％勝ち目はない。筆者のハワイ大学時代の友人、コーチ　ボブ・ナッシュがいつも語ってくれたことが昨日のことのように思い出される。チームの強化環境が悪くてもあきらめないで、一生懸命努力し「恵まれた環境」に胡坐をかいているチームを撃破しようではないか。筆者は「正義は、強権に勝る」をスローガンに戦い続ける覚悟である。

２０１７年12月18日

神戸学院大学共通教育センター
スポーツサイエンス・ユニット
二杉　茂

感　謝

いつも怠惰な筆者を陰ひなたより、献身的に支えてくれた妻の玲子には心より感謝している。また、応援のため試合観戦に足を運んでくれる長男明宏、孫の凌生、寧音、子育てに奔走中にもかかわらず元気をくれる長女有希、孫のはるな、純平、遠いオランダより励ましのメールをたびたび送ってくれる末娘圭子、マヤ、ニコラスに感謝したい。また、今夏95歳で天国に召された母、すみのに本書を捧げ冥福を祈りたい。

なお、本書の出版が実現したのは神戸学院大学共通教育学会からの出版助成金のおかげである。特に共通教育センター長の古田恒輔教授には格別のご配慮をいただき深く感謝申し上げる次第である。またこのような機会を与えて下さった晃洋書房高砂年樹氏、野田純一郎氏に細やかな助言をいただき感謝申し上げる。

「*1999 Street & Smith's COLLEGE BASKETBALL*」2000
二杉茂「米国ハワイ大学におけるスポーツマネージメントに関する研究Ⅱ――エリートスポーツについて――」『スポーツサイエンス』Vol. 9-1、2015年
二杉茂「米国ハワイ大学におけるスポーツマネージメントに関する研究Ⅲ――ハワイ大学のスポーツ文化について――」『スポーツサイエンス』Vol. 10-1、2016年

岩田松雄『社員に贈り続けた31の言葉』中経出版、2012年
磯田道史『無私の日本人』文芸出版、2012年
勝田隆『知的コーチングのすすめ』大修館出版、2002年
上谷聡子『チャンピオンスポーツの人間学』晃洋書房、2010年
スティーブ・シーボルト（弓場隆訳）『一流の人に学ぶ 自分の磨き方』かんき出版、2012年
リック・ピティーノ（弓場隆訳）『成功をめざす人に知っておいてほしいこと』ディスカヴァー・トゥエンティワン、2010年
ジョン・パトリック『プロが教えるバスケットボール』大泉書店、2001年
エディー・ジョーンズ『ハードワーク 勝つためのマインド・セッティング』講談社2016年
Jach Herschlag（二杉茂ほか訳）『ハーフコート・バスケットボール』道和書院、1987年
John Devaney「*BOB COUSY*」Putnam, 1965
American Sport Education Program「*COACHING YOUTH BASKETBALL*」HumanKinetics, 1991
March L.Krotee、Frederick C.Hatfield「*The Theory and Practice of Physical Activity*」KENDALL/HUNT PUBLISHING COMPANY, 1979
Jeff Green wald「*The Best Tennis Of Your Life*」Betterway Books, 2007
George Hetzel Jr.「*The Coaches, Little PLAYBOOK*」CUMBERLAND HOUSE PUBLISHING, INC., 2002
Hal Wissel「*BASKETBALL Steps to Success*」Human Kinetics, 1994
A. G. Jacobs「*Basketball Rules IN PICTURES*」GROSSET&DUNLAP, 1996
Larry Donald, Mark Engel「*COACHING BASKETBALL*」Kramer Printing Co., 1983
「*The 2008-09 University of Hawai' i Rainbow Warrior Basketball Media Guide*」
「*The Sporting News 1996-97 College Basketball Yearbook*」A Times Mirror Company, 1997

ケネス・H. クーパー（原礼之助訳）『トータル・エアロビクス』文藝春秋、1985年
エレノア・ゲーリック、ジョセフ・ダーソ（宮川毅訳）『ルー・ゲーリック伝』ベースボールマガジン社、1978年
伊藤淳・二杉茂・藤井一成『地域スポーツクラブ指導者ハンドブック』晃洋書房、2009年
鈴田常祐『バスケットボールここから始めよう』大泉書店、1987年
稲垣安二・日高明『練習方百科　バスケットボール』大修館書店、1987年
古田暁監修、石井敏・岡部朗一・久米昭元『異文化コミュニケーション』有斐閣、1996年
二杉茂『スポーツ学の視点』昭和堂、1996年
関根正美『スポーツの哲学的研究』不昧堂、1998年
広瀬一郎『スポーツマーケティング』電通、1998年
大学スポーツ教育研究会『スポーツと健康』道和書院、1993年
Bi11 van Gundy routside ShooUng」Rosen Book Works, 2000
Nick Sorta1 「*BASKETBALL TIP-INS*」Contemporary Books, 2001
吉井四郎『私の信じたバスケットボール』太巻館書店、1994年
J. ネイスミス（水谷豊訳）『バスケットボールその起源と発展』YMCA 出版、1980年
水谷豊『白夜のオリンピック　幻の大森兵蔵をもとめて』平凡社、1991年
中村敏雄『スポーツの見方を変える』平凡社、1998年
Herb Brown 「*PREPARING FOR SPECIAL SITUATIONS*」Contemporary Books, 1997
中村敏雄『スポーツの風土　日英米比較スポーツ文化』大修館書店、1981年
大坪正則『メジャー野球の経営学』集英社、2002年
土田雅人『勝てる組織をつくる』東洋経済新報社、2004年
イアン・エアーズ（山形浩生訳）『ヤル気の科学』文藝春秋、2012年
P. F. ドラッカー（上田淳生訳）『経営者の条件』ダイヤモンド社、1995年
井上達也『小さな社会の社長の戦い方』明日香出版社、2012年

ジョー・トーリほか（北代晋一訳）『覇者の条件』実業之日本社、2003年
広瀬一郎『スポーツマーケティング』電通、1994年
平尾誠二『「日本型」思考法ではもう勝てない』ダイヤモンド社、2001年
マイケル・ニーナンほか（亀井ユリ訳）『認知行動療法に学ぶコーチング』東京図書、2010年
菅野恭弘『成果主義を超える強い組織の作りかた』技術評論社、2005年
嶋田出雲『スポーツ・コーチ学』不昧堂出版、1998年
ジョン・パトリック『プロが教えるバスケットボール』大泉書店、2001年
重茂達『35歳までに必ずやるべきこと』かんき出版、2002年
野村克也『野村再生工場』角川書店、2008年
ディック・ハヌーラ（野村武男ほか訳）『競泳勝利へのコーチング』大修館書店、1998年
守屋洋『孫子の兵法』三笠書房、2017年
マーティー・キーナート『文武両道、日本になし　世界の秀才アスリートと日本のど根性スポーツマン』早川書房、2004年
斎藤孝・山下柚実『五感力を育てる」中央公論社、2002年
モーリー・アレン（鈴木美嶺訳）『戦う男ビリー・マーチン』ベースボールマガジン社、1981年
竜門冬二『上杉鷹山の経営学』PHP 文庫、1990年
仲村祥一『生きられる文化の社会学』世界思想社、1998年
森昭三編著『スポーツの知と技』大修館書店、1998年
ロバート・アギア（中村和幸訳）『ベースボールの物理学』紀伊国屋書店、2002年
宮下充正編著『スポーツインテリジェンス』大修館書店、1996年
ジョージ・H. セージ（深津宏訳）『アメリカスポーツと社会』不昧堂出版、1997年
H. A. ドルフマン（白石豊訳）『野球のメンタルトレーニング』大修館書店、1993年
三枝慶子『這い上がる勇者たち』早稲田出版、2003年

引用及び参考文献

ジョン・ウッデン（土井英司訳）『育てる技術』ディスカバー・トゥエンティワン、2014年
アルベルト・ザッケローニ（久保耕司訳）『ザッケローニの哲学』PHP 研究所、2011年
芳賀繁『失敗の心理学』日本経済新聞社、2004年
二杉茂『米国 NCAA バスケットボールに学ぶコーチングイノベーション』晃洋書房、2013年
ジョルジオ・ガンドルフィ（佐良土茂樹訳）『NBA バスケットボールコーチングプレーブック』スタジオ・タック・クリエイテイブ、2013年
小宮良之『裏方の流儀』角川マガジンズ、2007年
長谷川滋利『超一流じゃなくても成功できる』新潮社、2006年
ジェリー・ミンチントン（弓場隆訳）『うまくいっている人の考え方 完全版』ディスカバー・トゥエンティワン、2016年
小谷究・大野篤史『ボールマンがすべてではない』東邦出版株式会社、2017年
本間正人・松瀬理保『セルフ・コーチング入門』日本経済新聞社、2006年
永田稔ほか『リーダーシップの名著を読む』日本経済新聞、2015年
ジェリー・リンチ（水谷豊ほか訳）『クリエイティブ・コーチング』大修館書店、2010年
GEORGE DOHRMANN「*PLAY THEIR HEARTS OUT*」Ballantine Books, 2010
川内修『気づきがあなたを変える』日本工業新聞社、2016年
ピート・キャリル、ダン・ホワイト（二杉茂ほか訳）『賢者は強者に優る』晃洋書房、2011年
辻秀一『人のためになる人ならない人』バジリコ、2002年
岡部哲也『夢をあきらめない』イズムインターナショナル、2009年
田坂広志『成長し続けるための77の言葉』PHP 研究所、2011年
ロッキー青木『人生、死ぬまで挑戦だ』東京新聞出版局、1989年

《著者紹介》

二杉　茂（にすぎ　しげる）

1947年　大阪市生まれ
1971年　天理大学体育学部卒業
1990年　米国ハワイ大学客員研究員（1年半）
1998年　京畿大学大学院体育学研究科博士課程修了
　　　　理学博士号取得
現　在　神戸学院大学共通教育センター教授
　　　　天理大学男子バスケットボール部監督
　　　　身体運動文化学会会長
　　　　関西学生バスケットボール連盟常任理事
　　　　和歌山県白浜町教育委員会教育委員

《主要業績》
『体育の視点』（共著、晃洋書房、1982年）
『ハーフコートバスケットボール』（共訳、道和書院、1987年）
『スポーツと健康』（共著、道和書院、1993年）
『スポーツ学の視点』（共著、昭和堂、1996年）
『身体教育のアスペクト』（共著、道和書院、1998年）
『健康・スポーツ科学の基礎知識』（共著、道和書院、2008年）
『地域スポーツクラブ指導者ハンドブック』（共著、晃洋書房、2009年）
『ワンハンドショットのメッセンジャーたち』（晃洋書房、2009年）
『賢者は強者に優る』（共訳、晃洋書房、2011年）
『米国 NCAA バスケットボールに学ぶコーチングイノベーション』（晃洋書房、2013年）
『賢者の戦術』（共訳、晃洋書房、2017年）

コーチのミッション
神戸学院大学共通教育センター研究叢書 1

2018年3月20日　初版第1刷発行　　＊定価はカバーに表示してあります

著者の了解により検印省略

著　者　二　杉　　茂©
発行者　植　田　　実
印刷者　藤　森　英　夫

発行所　株式会社　晃　洋　書　房
〒615-0026　京都市右京区西院北矢掛町7番地
電話　075(312)0788番(代)
振替口座　01040-6-32280

装丁　尾崎閑也　　印刷・製本　亜細亜印刷(株)

ISBN978-4-7710-3039-8